KB001939

서른여섯 번의 부자 수업

KANEMOCHI SHIREI

© MITSURO SATO 2016

Originally published in Japan in 2016 by SHUFU-TO-SEIKATSUSHA CO., LTD., TOKYO,
Korean translation rights arranged with SHUFU-TO-SEIKATSUSHA CO., LTD., TOKYO,
through TOHAN CORPORATION, TOKYO, and JM Contents Agency Co., SEOUL

Korean Translation Copyright © Gimm-Young Publishers, Inc. 2020

이 책의 한국어판 저작권은 JMCA를 통한 저작권사와의 독점 계약으로 김영사에 있습니다.
저작권법에 의해 한국 내에서 보호를 받는 저작물이므로 무단전재와 무단복제를 금합니다.

서른여섯 번의 부자 수업

1판 1쇄 인쇄 2020. 10. 12.
1판 1쇄 발행 2020. 10. 23.

지은이 사토 미쓰로
옮긴이 양억관

발행인 고세규
편집 태호 디자인 지은혜 마케팅 백선미 홍보 반재서
발행처 김영사
등록 1979년 5월 17일 (제406-2003-036호)
주소 경기도 파주시 문발로 197(문발동) 우편번호 10881
전화 마케팅부 031)955-3100, 편집부 031)955-3200 | 팩스 031)955-3111

값은 뒤표지에 있습니다.
ISBN 978-89-349-9206-6 03190

홈페이지 www.gimmyoung.com   블로그 blog.naver.com/gybook
페이스북 facebook.com/gybooks   이메일 bestbook@gimmyoung.com

좋은 독자가 좋은 책을 만듭니다.
김영사는 독자 여러분의 의견에 항상 귀 기울이고 있습니다.

이 도서의 국립중앙도서관 출판시도서목록(CIP)은 서지정보유통지원시스템 홈페이지
(http://seoji.nl.go.kr)와 국가자료공동목록시스템(http://www.nl.go.kr/kolisnet)에서
이용하실 수 있습니다.(CIP제어번호 : CIP2020038841)

돈이 스스로 오게 하는

서른여섯 번의
부자 수업

사토 미쓰로 | 양억관 옮김

김영사

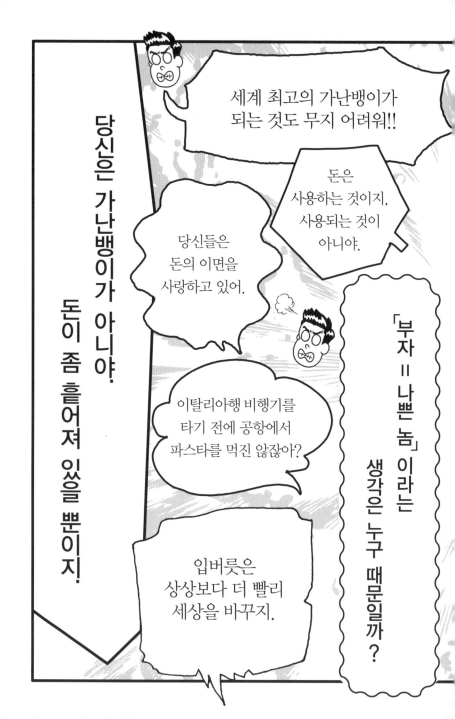

흐음, 이 책의 기획 의도를 잘 모르겠는데 말이죠.

돈에 관한 고민 상담을 하면, 그 해결책을 가르쳐주는 거, 맞죠?

 해결책 같은 건 가르칠 수 없어.

네? 가르칠 수 없다고요?

 가르칠 수 없지, 없고말고, 당연하잖아.

만일 '부자'라는 걸 가르칠 수 있다면,

경영학과 출신들은 모두 부자여야 하잖아?

 하긴 그렇겠네요.

 또한 '부자'를 가르칠 수 있다면, '부자 되는 법'에 관한

책을 읽은 사람 모두 부자가 되었을 테지.

듣고 보니 그렇네요.

노하우나 비법을 가르치는 책이 넘쳐나는데,

부자가 되는 사람은 많지 않아요.

그렇다는 건 **'부자'는 배워서 될 수 있는 게 아니라는 뜻이겠죠?**

그렇고말고.
'부자'는 배울 수 있는 게 아니야. '하는' 것이지!

 하는 거라고요?

 그렇지. **우리는 배운 것을 하려고 하지 않아.**

생각해봐. 배움이란 해답을 배운다는 거잖아.

결말을 이미 알아버린 추리소설을 누가 읽으려 하겠어?

우리는 배운 걸 실천하지 않아.

그러니까 배워서는 안 되는 거야. 배우기 전에 '하는' 거지.

 어쩐지 그 감각을 알 것도 같아요. 반에 하나 정도는 반

드시 있죠. 만물박사 타입 말이에요. 배운 것을 모

두 머릿속에 간직하지만 끝내 아무것도 하지 않는

타입. 그런데 그 '한다'는 게 도대체 뭔가요?

이 책을 기획하고 상담을 시작할 때쯤 편집부에서 내게 메일을 보냈지.

"무슨 수를 써도 좋으니 우리 독자들을 부자로 만들어주세요!"

그래서 난 거리낌 없이 스파르타식 교육을 진행하기로 했어.

그 방법이 바로 '부자 코칭'이다.

부자, 코칭?

그래. 바로 나, 사토 미쓰로가 부자 대장이 되는 거야.

그리고 부자가 되고 싶은 사람을 '부자 대원'이라고 부르겠다.

그런 부자 대원들의 고민을 소재로 일주일에 한 번씩 부자 코칭을 해주지. 당신은 그 코칭대로 행동하면 되는 거야.

머리로 생각하면 안 돼. 그냥 '하는' 것.

할 수 있겠어?

잠깐, 생각 좀 해보고요.

너, 내 말 못 들었어? 생각하고 자시고 할 것 없이 그냥 YES라고 해야지!

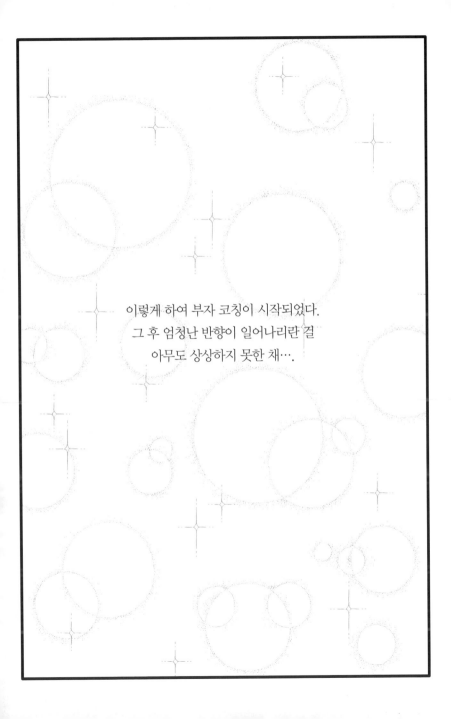

이렇게 하여 부자 코칭이 시작되었다.
그 후 엄청난 반향이 일어나리란 걸
아무도 상상하지 못한 채….

돈을 사랑하니까,
돈에 휘둘리는 거잖아!
돈을 차버리는 거야!

➡ 209쪽으로

절대로 로또에
당첨되지 않을 방법을
가르쳐주지.

➡ 219쪽으로

나, 벗으면
대단하거든요.
절대로 안 벗을 테지만.

➡ 179쪽으로

서점에서 서서 읽는 당신에게

여기부터 읽어보라고!!

이탈리아에 가는데
공항에서 파스타를
먹겠어?

➡ 169쪽으로

애인이 없기 때문에
걸려드는 마법이 있다.

➡ 231쪽으로

내가 부자가 안 된다는 건
너무너무 이상한 일이야.

➡ 279쪽으로

아이 교육비보다 나 자신을 위해
돈을 쓰자.

➡ 299쪽으로

진정한 버림이란
소중한 것을 버리는 용기.

➡ 365쪽으로

만일 내일 돈의 가치가
없어진다면….

➡ 349쪽으로

뱃살이란
사치스러운 자산.

➡ 357쪽으로

부모는 당신에게
'가난뱅이 저주'를 걸었다.

➡ 289쪽으로

아직도 서서 읽는 당신,

예금을 전부 찾아서
손에 쥐어본 적 있어?

➡ 251쪽으로

애써 모은 돈을
배우자에게 말해버리는 사람은….

➡ 103쪽으로

100엔짜리 라이터를
150엔에 샀지?

➡ 147쪽으로

이대로 가다가는
돈을 다 쓰기도 전에 죽고 말 거야!

➡ 189쪽으로

권력자가 '자금'을 만드는
이유를 알아보자.

➡ 329쪽으로

이 쪽도 한번 보라니까.

차례

이 책은 아무 데나 펼쳐서 읽어도 문제없다.
당신이 끌어안은 '돈의 고민'은 과연 어떤 것인가?

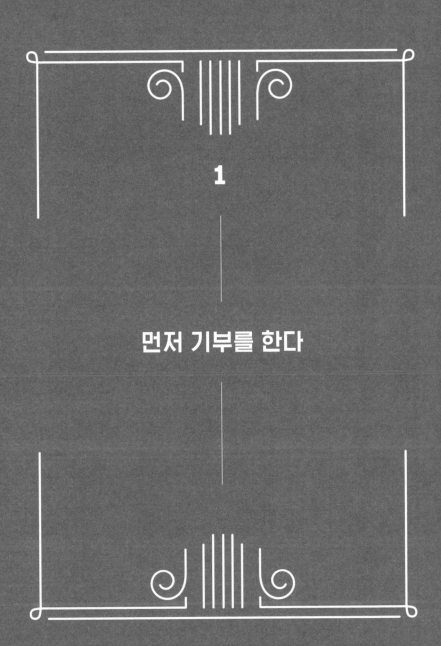

1

먼저 기부를 한다

**이번 주
가난뱅이 상담**

저금이 늘어나지 않아요

_도쿄에 사는 40대 A 씨

드디어 역사적인 첫 주, 무슨 고민이 있지?

필시 꿈이 가득한 고민일 테지.

"3억 엔만 더 있으면 디즈니랜드를 인수할 수 있는데 쬐끔 모자랍니다"라든가, "올해 보너스는 불경기라 600만 엔밖에 못 받았어요" 같은 거.

가슴이 두근거리네, 이거.

어서 오라니까! 고뇌하는 첫 번째 고객이여.

첫 주의 상담을 시작해보자고.

대장, 도무지 저금이 불지 않아요. 어떡하면 좋아요?

뭐?

시작부터 이런 사소한 질문이라니, 그만두는 게 어때? 폼이 안 나잖아! 꿈이 없어! 희망도 없고!

아니, 없는 건 저금이라니까요. 꿈이 아니라.

저금이 없는데 꿈은 가졌다니 이건 그냥 지옥이잖아. 꿈도 없고 희망도 없다면 저금이 없다 한들 괴로울 것도 없을 텐데. 그만 꿈을 버리는 게 좋지 않을까?

싫어요. 빨리 저금 불리는 방법이나 가르쳐주세요.

그럼 먼저 '저금'이라는 개념을 다시 세워볼까?

혹시 돈을 모아서 소유하는 행위를 저금이라고 생각하고 있지는 않은가?

그게 정답 아니에요? 모은다는 뜻의 '저貯'에다 돈 '금金'을 보태면 저금이니까.

아니라니까!! 완전 틀렸어.

돈의 의지를 무시하고 그냥 모은다니. 당신, 자기가 뭐라고 생각하는 거야?

아뇨, 당신한테 그런 말 듣고 싶지 않아요. 자기 멋대로 스스로를 대장이라고 부르는 당신에게.

잘 들어봐. **인간에게 의지가 있다면, 돈에도 의지가 있는 거야.**

가고 싶은 곳에는 가고, 가기 싫은 곳에는 가지 않아.

이를테면, 디즈니랜드에 갈 때 길이 막힌다면, 고속도로나 국도 가운데 어느 쪽을 택할 거야?

당연히 덜 막히는 쪽으로 가죠.

빙고! 그렇다면 당신 쪽으로 '돈 님'이 흘러 들어오게 하고 싶다면, **먼저 당신 앞에 놓인 길을 잘 흐르게 해야 하지 않을까?**

잘 흐르게 해야 한다?

주위에 담을 쌓아서 흐름을 막으려는 사람에게 돈은

가지 않아.

검문하는 도로 쪽으로 차를 타고 가고 싶을까?

검문 안 하는 도로 쪽이 차가 잘 흘러가는데도?

그러네요. 사람을 잡아두는 곳이라면 흐름이 좋지 않을 테니까요.

바로 그거야! 무려 세 시간이나 당신에게 한 말이 바로 그거라니까!

우연히도 당신이 먼저 좋은 이야기를 해버렸지만, 바로 그거! 그게 내가 말하고 싶은 거였거든. 목젖까지 올라온 말이었어.

부자란 자기 앞으로 오는 차를 검문하지 않는 사람이로군요.

그래, 바로 그 말이야! 애당초 '흐름'이란 나가고 들어오는 운동이잖아.

그럼 흐르게 하려면 어떻게 하면 좋지?

들어오기 전에 먼저 나가게 하면 자연스럽게 흐름이 일어나겠네요.

빙고! 당신 쪽으로 많은 돈이 들어오게 하려면 먼저 당신 쪽에서 돈을 잘 흘려보낼 필요가 있어.

돈을 먼저 내보내는 거지. 당신 쪽이 먼저 돈을 내보내면, 흐름이 매끄러워져서 더 많은 돈이 당신 쪽으로 흘러 들어오니까.

그래서 이번 주 부자 코칭!

1,000엔을 기부해보자.

네? 1,000엔을 기부해요? 싫어요, 절대로.

왜 싫어?

아깝잖아요.

그럼 얼마면 기부할 수 있어?

늘 100엔 정도 기부해요. "복을 주세요" 하고.

100엔이라면 간단히 기부할 수 있다는 거네?

그럼요. 간단히.

왜 그럴까?

100엔은 없어도 그만이니까요.

왜 없어도 그만이지?

그 정도는 금방 채울 수 있잖아요.

봐, 스스로 그렇게 말하잖아. 100엔을 간단히 내놓는 건 그 돈을 간단히 지갑에 채울 수 있다고 믿기 때문이라고.

'간단히 내놓는 것'은 '간단히 채울 수 있다'고 믿기 때문이야.

호흡도 마찬가지. 숨을 내쉬는 건 바로 숨을 들이마실 수 있다고 믿기 때문이잖아?

그야 당연하죠.

당연해?

스쿠버 다이빙을 하는데 탱크 안의 산소가 거의 없어

지고 말았어. 이런 상황에서 편하게 숨을 내쉴 수 있

을까?

편하게 내쉴 수 없겠죠.

아, 그렇구나. **간단히 내쉬는 건 손쉽게 다시 들어온다**

는 걸 믿기 때문이네요.

그렇다면 대답은 간단해.

먼저 1,000엔을 기부해봐.

그리고 믿는 거야.

반드시 1,000엔은 나에게로 돌아온다고.

이번 주는 상담이 시작되는 첫 주.

행운을 기원하는 마음으로 1,000엔을 기부해보자고.

아마도 더 큰 흐름으로 당신에게 돌아올 거야.

그것이 '흐름'의 법칙이니까.

이번 주 **부자 코칭**

1,000엔을 기부하고
"감사합니다"라고
중얼거려보자.

이번 주 한마디

숨을 내쉬는 건 바로
들이마실 수 있다고
믿기 때문이잖아?

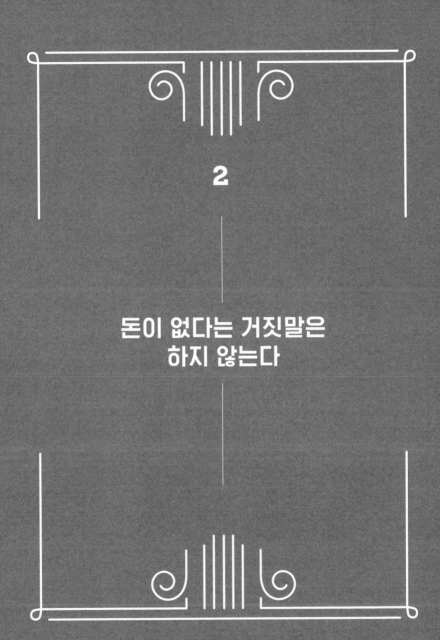

2

돈이 없다는 거짓말은
하지 않는다

이번 주
가난뱅이 상담

해외여행이 가고 싶어요

_가나가와에 사는 50대 B 씨

지난주에 시작한 미쓰로 대장의 부자 코칭.

독자는 그냥 코칭에 따를 것. 그러면 36주째 당신이 나보다 더 부자가 된다는, 그야말로 하극상 기획입니다. 부디 37주째에는 나보다 더 부자가 되어 나한테도 좀 나눠주시길….

이번 주 부자 대원의 상담은 이렇습니다.

대장, 해외여행이 가고 싶어요. 가사, 육아, 간병에 지칠 대로 지쳐버린 이 몸을 치유하려면 괌에 가는 것 말고는 방법이 없어요!

그럼 가면 되잖아. 괌이건 사이판이건 위스콘신이건, 가고 싶은 곳으로 가면 돼.

가고 싶은 곳은 셀 수 없이 많은데 돈이 없어요.

엥? 가사, 육아, 간병할 돈은 있는데 위스콘신에 갈 여비가 없다고?

말도 안 돼! 이봐, 요즘 저가 항공의 저렴한 티켓이 얼마나 많이 나와 있는데 그래.

물론 육아에 쓸 돈은 있죠. 아이의 미래를 위해서 저

금해둔 300만 엔도 있고요. 그렇지만 '곽에 갈 돈'은 없다는 거예요.

저금이 300만 엔이나? 꽤 있잖아.

그 정도면 위스콘신까지 스무 번도 왕복할 수 있을 텐데, **왜 가지 않는 거야??**

그게 그러니까, '교육비'는 있지만 '곽 여행비'는 없다니까요! 제 말 제대로 듣고 있어요?

무작정 '위스콘신'이라는 말만 하지 말고요!

뭐? 상담 두 번째에 벌써 대장한테 대드는 거야? 그럼 이건 어떻게 생각해?

'자녀 교육비'는 둥그렇게 생긴 돈이고,

'사치하는 돈'은 삼각형으로 생겨 먹은 동전이라도 된다는 거야??

다시 말해 '교육비' 하고 '여행비'는 완전히 다르게 생긴 돈이란 거야??

아, 아뇨.

'교육비'도 '여행비'도 같은 돈이에요.

그럼 이상하지 않아?

당신은 300만 엔이나 가지고 있지?

그 정도 '양量'이면 위스콘신에 가서 멋지게 즐길 수 있어. 그런데도 당신은 '나한테

육아 전용 머니

• 이 화폐는 사치에만 사용할 수 있습니다

는 해외여행 갈 돈이 없다'라고 해.

그거 거짓말이잖아? 뻔히 있는데도.

여행용으로도 쓸 수 있는 똑같이 생긴 돈이 300만 엔
이나.

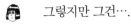 그렇지만 그건….

(갑자기 아득한 눈길로) 곤란하게 해서 미안해.

일반적으로는 당신 생각이 맞아.

그렇지만 그런 세상의 상식이 틀렸다는 거야.

보통 '사치할 만한 돈은 우리 집에 없다'라고 말하지
만, 그건 거짓말이야.

어디 쓸 것인지 따지기 전에 그 정도 '양'의 돈을 가지
고 있으니까.

양?

그래.

돈을 '양'으로 보면 어떨까?

그러면 돈이란 어디에도 쓸 수 있는 거라는 사실을
알게 될 테니까.

당신은 300만 엔이라는 '양'을 가지고 있어.

그건 '육아'에도 쓰고, '여행'에도 쓸 수 있을 만큼 충
분한 '양'이야.

마, 맞아요.

대장이 좀 달라 보이네요.

화내서 미안해요.

아니, 괜찮아.

단, 이것만은 가슴에 새겨둘 것.

'돈이 없다'고 말하는 사람 대부분은 상당한 '양'을 가지고 있다는 사실을.

그러니까 돈은 있어.

그렇지만 마음속으로 그냥 '육아'가 첫째, '간병'이 둘째, '가사'가 셋째, 그리고 남는 게 있으면 '사치'라는 식으로 순서를 매겨두었을 뿐이야.

듣고 보니 그렇긴 해요.

나 스스로 돈이 없다고 말하지만, '양'으로 보면 해외여행을 하고도 남을 300만 엔이 있거든요.

바로 그거야.

그래서 여기까지 이해되었다면 다음 단계로 넘어갈 수 있어.

해외여행을 갈 수 있을 만큼 '양'을 가지고 있기는 하지만 해외여행을 가지 않아.

그건 '갈 수 없는 것'이 아니라 '가지 않는 것'이야.

알겠어?

당신이 스스로 '가지 않는다'를 선택한 셈이지.

아, 맞는 말이에요!

관점이 바뀌었어요!!

돈을 '양'으로 가진 나는 '갈 수 없다'와 '가지 않는다' 중에서 스스로 후자를 선택했다는 거로군요.

그렇다면 결정권은 나에게 있다는 거네요!

바로 그것이 사장의 눈높이야!

해외여행을 가지 못하는 게 아니라 가지 않는다는 것.

'갈 수 없다'는 세상에 휘둘려 사는 관점.

'가지 않는다'는 스스로 세계를 움직이는 관점.

사실은 해외여행을 갈 수 있을 만한 '양'을 가진 사장으로서 당신이 "다른 곳에 쓸 거야!" 하고 결정했을 뿐이지.

그리 생각하는 것만으로도 마음이 풍족해지네요.

갈 수 있지만 가지 않는 거야, 오호호호.

돈은 있지만 쓰지 않는 거야, 오호호호.

주말 별장에서 낮잠을 즐기는 기분이에요.

다행이야.

상담하기 전에 당신은 **돈, 그 자체가 없다고 생각했었어.**

그렇지만 그건 거짓말이었지.

'양'으로 생각하면 돈은 있었어.

다만 그 '있는 돈'을 당신이 '쓰지 않는다'라고 정했을 뿐이었지.

돈은 있었고, 당신은 그 사용법을 선택했던 거야!

그렇잖아, 사장님!

오호호호, 아무렴 어때.

난 부자야. 돈(양) 정도는 있어.

어디 쓸 건지도 내가 정해!

좋았어, 어쩐지 느끼한 사장님이 되어버린 것 같은 당신에게.

이번 주 부자 코칭!

'돈이 없다'는 입버릇은 이제 그만.

그런 입버릇이 앞으로 또 나온다면, 내가 저 멀리서 "거짓말쟁이!!!"라고 외칠 거야.

사실은 돈이 있다.

게다가 쓸 곳도 스스로 결정할 수 있다.

축하해, 당신은 돈의 지배자라는 사실을 깨달았으니까.

이번 주 **부자 코칭**

'돈이 없다'는 거짓말은
이제 그만!

이번 주 한마디

돈을 '양'으로 보면 어떨까?

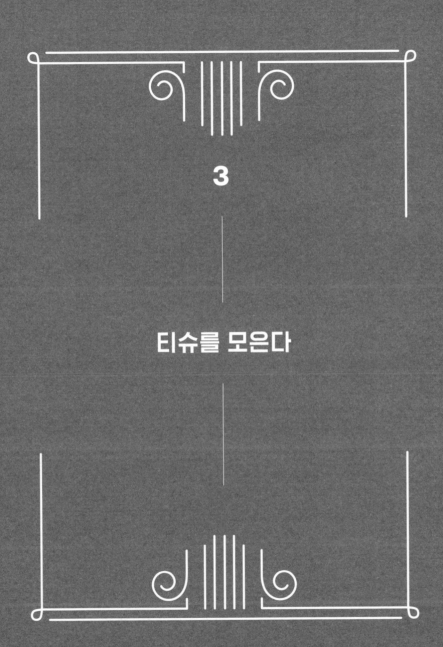

3

티슈를 모은다

이번 주
가난뱅이 상담

임시 수입을 늘리고 싶어요

_시즈오카에 사는 30대 N 씨

무더운 여름, 어떻게 지내시는지요? 이렇게 더운데 아직 살아 있습니까? 당신은 살아 있다는 것만으로도 상을 받아도 좋지 않을까, 진심으로 그런 생각을… 아, 안녕하세요, 사토 미쓰로 입니다.

그렇지만 정말로 그런 생각 안 드세요? 아까 아스팔트 도로를 보았더니 아지랑이가 피어오르던데요. 여름이란 이렇게 더운 겁니다. 그래서 7년 전쯤 여름에 그냥 쓰러져 죽었어도 좋았을 텐데, 당신은 이번 여름에도 끈질기게 살아 있습니다.

정말, 당신은 대단합니다. 그리고 위대해요. 그럼 다음 주에!

 저기요~

 엥? 설마 가난뱅이 상담이 있는 거야???

없어, 없어, 없어! 그럴 리 없어!

그리도 끈질긴 생명력을 가진 그대에게 고민 같은 게 있을 리 없다고!

뭐? 있다고?

아, 그럼 들어보지 뭐.

대장, 저는 파트타임으로 일하고 있는 주부예요. 가계에 여유가 없어서 '임시 수입'을 좀 늘리고 싶어요.

애당초 임시 수입이라는 말이 이상하게 들리는데.

입으로 한 번 읊어봐. 임, 시, 수, 입! 그거 뉴욕의 펑크 밴드 스타일 같잖아.

상담할 마음이 있는 거예요, 없는 거예요?

그게 아니라 진짜로 이상하게 들린다니까 '임시 수입'이란 놈.

근데 '임시'의 반대말이 뭔지 알아?

임시의 반대니까 '정기' 아닌가요?

그거 좀 이상하지 않아?

이 세상에 '정기 수입'이라는 말이 있어?

우리 남편은 월급쟁이라서 매달 정기적으로 수입이 있거든요.

아니, **그걸 자기 멋대로 '정기'라고 생각하면 어떡해?**

갑자기 다음 달부터 수입이 없어질지도 모르잖아?

요즘은 대기업이라도 갑자기 구조조정 같은 걸 하니까 말이야.

'정기 수입' 신화는 완전히 무너지고 말았어.

도대체 하고 싶은 말이 뭔가요?

다시 말해 **요즘 시대는 모든 수입이 임시 수입**이라는 거야.

당신도 배우자도 빌 게이츠도 늘 '정기' 수입이 들어온다는 보장이 없다는 뜻이지.

하긴 그렇네요. 수입이 있다는 것 자체가 고마운 시대니까.

그러니까 우리 집에 들어오는 수입이 모두 임시 수입이라는 거네요. 미래가 불확실하다는 거죠.

내 손에 들어오는 돈 모두가 임시 수입이라면 '돈' 말고 들어오는 건 어쨌든 임시 수입이 될 테지??

그건 또 무슨 말이에요?

갑자기 들어오는 수입을 '우리 나라 돈'뿐이라고 기대한다면 기회가 줄어들지 않을까?

그건 그렇긴 해요. 어느 날 갑자기 '달러'가 들어올지도 모르니까요.

그래. 나아가 '달러'나 '페소'가 아니어도 좋잖아?

돈이 아닌 수입도 기대하라는 말이에요?

빙고!

애초에 임시 수입이란 건 돌발적으로 들어오는 거니까, '돈'이라는 외피를 쓸 시간이 없는 수입도 많지 않을까?

이를테면 어머니가 갑자기 5만 엔을 보내시거나 하

지는 않아도, 갑자기 '고구마'를 부쳐줄 수는 있잖아?

돈이란 포장은 없지만 그 또한 멋진 임시 수입 아닐까?

고기나 고구마나 다 고씨니까.

그러니까 돈이건 고기건 고구마건 다 수입이라는 말이야.

그거 좀 확대 해석인 듯하면서도 맞는 말이긴 해요.

수입을 돈으로 한정하지 않는다면 임시 수입이 늘어날 것 같네요.

그렇다니까.

'돈' 말고도 수입이라 인정한다면, 임시 수입은 더 늘어나게 돼.

친정에서 보내온 고구마, 선배한테 얻어먹은 점심, 친구에게 선물받은 티셔츠.

갑자기 들어온 이런 수입에서도 '풍족함'을 느껴보라는 거지.

고기도 고구마도 돈, 이거 정말 괜찮은 생각인 것 같아요. (웃음)

그럼 돈 이외의 것도 수입이라 의식하는 연습도 할 겸, 이번 주 부자 코칭!

거리에서 나눠주는 티슈도 모아보는 거야.

이 나이에 그런 걸 모으라고요?

수입의 입구를 넓힌다는 의미에서 연습하는 거야.

입구를 넓히는 연습?

우리 나라 돈에만 문을 열어둔다면, 어느 날 갑자기 외국인이 "100달러 줄게"라고 해도 몸이 반응하지 않을 거야.

그러면 당신의 수입이 줄고 말지.

이렇게 '돈'에 대한 고정관념을 버리는 연습이 이번 주 미션이야.

당신이 거리에서 나눠주는 티슈조차 임시 수입으로 생각하는 자세를 가지면, '돈' 이외의 수입에도 민감해져서 당신은 더욱 풍족해질 거야.

좀 창피하지만 해볼까 싶긴 하네요.

그럼 나눠주는 사람 앞을 최소 세 번은 왕복해봐.

그건 싫어요!

이번 주 **부자 코칭**

거리에서 나눠주는 티슈를 받아 챙기자!

이번 주 한마디

고기도 돈,
고구마도 돈.

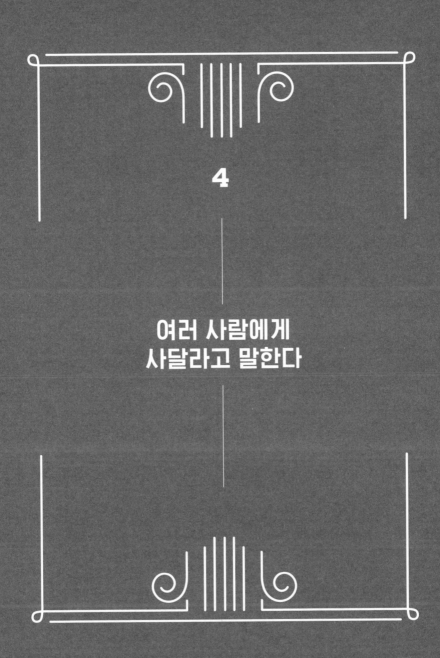

4

여러 사람에게
사달라고 말한다

이번 주
가난뱅이 상담

지출을 줄이고 싶어요

_아오모리에 사는 30대 T 씨

8월도 중순에 접어들어 새로 태어나는 매미보다 죽어가는 매미가 더 늘어가는 요즘, 어떻게 지내시나요? 건강은 괜찮으신가요?

추석을 앞두고 여러 가지 고민이 들려옵니다. 곧 추석이니까요.

> 대장, 수입도 고만고만한데 지출을 좀 줄이고 싶어요. 그러다 보면 전체적으로 남는 돈이 많아질 거라는 깨달음이 순간, 일어났어요.

> 뭐야, 이런 것도 고민이라고! 도대체가 추석하고 아무 상관도 없잖아.
> 조상을 부끄럽게 하지 말라고!

> 뭐라고요? "추석을 앞두고 여러 가지 고민이 들려옵니다"라고 말한 건 대장이거든요?!

> 아냐, 당신 잘못이야!
> 게다가 조상을 부끄럽게 하고 있어!
> 민족의 대명절 추석을 앞두고 '지출을 줄이고 싶다'라니….

돌아가신 할아버지 기분도 생각해보라니까!

한 해 두 번밖에 없는 행사, 차례상을….

'지출을 줄이고 싶다' = '중국산 고사리를 산다'라고!

그게 아니라, 저기요. 그건 제가 한 말이 아닌데요.

지출을 줄이고 싶다는 제 말을 조상에 대한 모욕으로 바꿔버리다니. 아무리 대장이라도 그렇지, 너무하잖아요!

아무튼 지출을 줄이고 싶다는 거네?

그러면 수입이 늘어나지 않더라도 결국 총액은 늘어날 거라고.

좋은 아이디어긴 한데, 좀 더 생각해봐.

지출을 줄이면 아무래도 생활 수준이 내려가잖아?

그건 이미 각오했다니까요!

앗, 이 순간. 돌아가신 당신 조상한테서 신호가 들어왔어.

뭐야, 이런 돌팔이.

흠, 뭐라고? 응응.

돌아가신 조상님이 이런 말을 하네.

"차례상 고사리는 반드시 국산으로…"

그건 **나도 안다고!**

아, 그리고 다른 메시지도 있어.

"얘야, 왜 혼자서 고민하니? 우리 집 재산데 너 혼자서 고민할 필요는 없잖니? 다른 가족에게도 기대봐. 아가, 저세상에서 늘 지켜보고 있어. 항상 혼자서 애쓰는 거 안다. 정말 고맙구나."

당신 증조할머니가 이런 말을 하네.

애당초 제사 때문에 고민하지도 않았지만 왠지 가슴이 찡해오네요. 집안일을 혼자서 고민하지 않아도 된다는 거잖아요.

그럼 그럼. 이번 주 증조할머니 말씀의 포인트는 바로 그거야!

지출이란 비용을 치른다는 것.

그렇다면 지출을 줄이지 말고 '나오는 곳'을 늘리면 돼.

대단해! 정말 근사한 역발상이에요.

아까까지 당신은 자신의 지갑에서 돈을 내야 한다고 생각하고 있었어. 그렇지만 그런 원칙은 없는 거야.

가족 모두의 지갑에서 나오게 하면 돼.

나오는 곳을 늘리자.

애초에 차례상 비용은 남편 집안의 문제고, 자식의 식비를 줄였다가는 남편의 어머니가 화내지 않겠어?

우리 시어머니는 **화낼 거예요.**

아들한테 더 좋은 걸 먹이라고 말씀하시겠죠.

그렇고말고. 당신만의 자식은 아니니까.

남편의 자식이기도 하고 남편 어머니의 손자이기도 하고, 돌아가신 할머니의 증손자이기도 해.

그렇게 모두가 관련된 '지출'이니까, **혼자서 내려고 하지 말고 '나오는 곳'을 늘리면 되는 거야.**

그렇게 하면 생활 수준을 낮추지 않아도 되겠어요.

그럼 그럼.

그리하여 이번 주 부자 코칭!

여러 사람에게 "돈 좀 내!"라고 말해보자.

지당하신 말씀. 지출을 줄이지 않고 돈이 '나오는 곳'을 늘리자는 거네요.

그래. 우리 현대인은 남에게 '기대는' 버릇이 없어지고 말았어.

그러니까 지갑을 여는 곳이 하나로 고정되어 지출도 줄어들지 않는 거야.

그렇지만 적절하게 남에게 기대면 나오는 곳이 늘어나니까 당신 지갑의 지출도 줄어들어.

기대고 싶은데, 받아들여줄까요?

당신이 생각하는 것 이상으로 사람들의 마음은 따뜻해. 기대보지 않았으니까 그런 따스하고 다정한 마음을 모르고 지나치는 거지.

아니, **오히려 기대지 않는 것 자체가 잘못이라고 봐야 해. 가족들에게 그 다정한 마음을 발휘하지 못하게 하는 거니까.**

가족의 따스함을 믿고 기대봐.

아마 금방 알게 될 거야.

'가족들의 다정한 마음을 모르고 내가 기대지 않았던 것뿐'이었다는 것을.

여러 사람에게
"돈 좀 내!"라고 말해보자.

이번 주 한마디

**본인의 지갑 말고
돈이 나오는 곳을
늘리면 돼!**

부자신문 7월

도쿄 도심지의 억대 아파트 당일 완판!

무려 '억대'나 되는 초고가 아파트가 날개 돋친 듯 팔린다는 뉴스가 나오던 2015년 7월. 온통 불경기 뉴스만 내보내던 신문이 이런 놀라운 소식을 싣다니. 꿈이 있는 뉴스는 참 좋다. 당신은 이런 뉴스를 보고 어떤 느낌을 받았을까?

'부자라서 좋겠다'라고 남의 일처럼 생각해서는 안 된다. 당신도 언젠가는 그런 곳에 살 수 있을지도 모르니까. 같은 사람으로 이런 아파트를 구입하는 사람과 유전적으로 1%도 다르지 않다. 다를 바 하나도 없다. 그러니까 이런 뉴스를 보았을 때 '남의 일'이라 생각하지 말고 '나도 언젠가는'이라는 가능성을 느껴보자. 그러면 당신의 입에서 '부럽다'라는 말 대신에 '근사해'라는 말이 나올 것이다.

자신과는 관계없는 일이라고 생각할 때는 '부러워'라는 말이 나오지만, 자신도 언젠가는 그리될 수 있다고 생각할 때는 '근사해'라는 말이 나올 것이다.

특히 JR 야마노테선 역과 가까운 고층 아파트에 사람들의 눈길이 모이는 듯하다.

도내 약 2억 엔짜리 아파트 분양 광고가 나오면 10배나 되는 신청자가 몰려 단숨에 완판된다.

나아가 4억 엔이 넘는 최상층 매물에 대한 문의도 많고, 현금 구입을 검토하는 사람이 50~60%에 이른다고 한다. 덧붙여서 며칠 전 TV에서 도내 역대가 넘는 아파트를 소유한 한 여성은 5년 전까지만 해도 평범한 주부였다고 한다. 그러다 어느 날부터 인터넷 판매업을 시작해서 도내에서 가장 비싼 아파트를 구입할 만큼 돈을 벌었다는 것이다. 그러니까 당신에게도 당연히 기회가 있다.

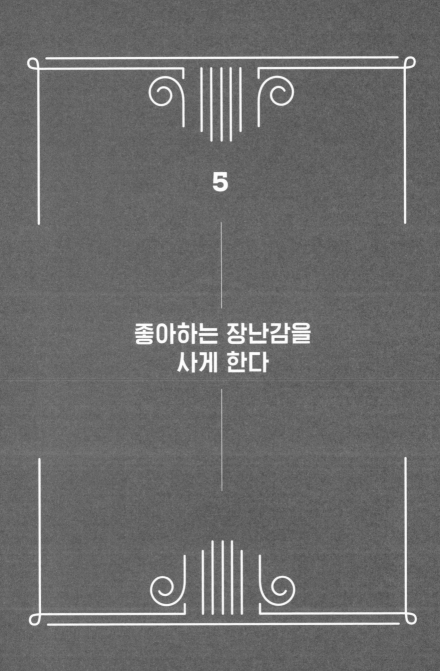

5

좋아하는 장난감을
사게 한다

교육 보험에 들 돈이 없어요

_사이타마에 사는 30대 F 씨

나는 당신에게 거침없이 코칭을 하고, 당신은 그것을 따른다. 그러면 당신 속의 고정관념이 바뀌고 돈의 회전이 점점 좋아진다. 위스콘신주 언저리에서도 화제에 오르고 있는 부자 코칭 시간, 그럼 바로 이번 주 독자 상담을 시작하겠습니다.

🧑 대장, 제게는 아이가 있어요. 아마 미래에 의사, 아니면 변호사가 될 대단한 아이거든요. 그런데 이 아이를 대학에 보낼 돈이 모이지를 않아요. 어떡하면 좋아요?

🧑 어떡하면 좋으냐고? 어차피 당신 가정 문제니까 결국 당신이 알아서 할 일인데….

그렇지만 제안 하나 하지.

🧑 부탁해요!

🧑 먼저 '대학에 보내고 싶다'라는 건 당신의 일방적인 생각이야.

그걸 먼저 알아두자고.

아마도 당신은 아이가 대학에 가면,

⇒ 좋은 회사에 취직하고

⇒ 안정적인 수입을 얻고

⇒ 예쁜 아내와 결혼해서

⇒ 행복하게 살 수 있다, 라고 생각하는 거지?

대학에 가기만 하면 그 이후의 삶은 탄탄대로니까요!

정말 그럴까? 혹시 이런 스토리가 될지도 몰라.

대학에 들어간 탓에

⇒ 음악 동아리에 들어가서

⇒ 기타를 배우고

⇒ 모히칸 헤어스타일을 하고

⇒ 그러다 등록금만 버리고 자퇴

⇒ 인도에 가고 싶다고 하더니

⇒ 아니, 그보다는 인도 어느 시골에서 "나 지금 인도야, 나마스테" 이런 편지가 날아온 걸 마지막으로 아들 얼굴도 못 보게 될지 몰라.

있을 법한 이야기네요!

기타를 배우고 인도로 방랑 여행을 간다는….

그러니까 부모가 정하는 건 옳지 않다는 거야.

'대학에 가기만 하면 경제적으로 안정된다' '의사라면' '변호사라면'…, **그 모든 것이 당신의 망상일 뿐.**

미래에 뭐가 될지는 아무도 몰라.

하긴 부모가 깔아준 길이 가장 좋은 것이라고만은 할 수 없으니까요.

무엇보다 아이에게서 실패할 기회를 **빼앗는** 부모는 최악이지.

명언 비슷한 말을 하시네요, 대장!

나는 시인이거든. 후후.

실제로 부모가 '자식을 위해서'라고 생각하는 일은 100% 자식을 위한 일이 아니야. 그냥 부모의 이기심을 충족시키는 것일 뿐.

'아이를 위해서'라는 이름을 빌린 '자신을 위해서'지.

나는 학원에도 보내주었다.

나는 과외도 시켜주었다.

나는 대학에도 보내주었다.

나는, 나는, 나는… 그 모든 것이 자신의 정당성을 주장하는 건 아닐까? 진정 자식을 위한다면 부모의 가치관을 강요하지 말고 아이 자신에게 스스로 생각할 기회를 주어야 해.

으음…. 그럼 아이가 스스로 생각하게 하려면 어떡하면 되나요?

간단해. (웃음)

부모가 '이렇게 해!'라고 말하지 않으면 아이는 스스

로 '어떡하면 좋을까?'라는 의문을 갖지. 해답을 던져
주지 않으면 인간은 스스로 의문을 품게 되거든.
세계에 대해 스스로 의문을 품는 게 무엇보다 중요해.

그래요. 세계에 대해 의문을 가질 수 있는 사람으로
성장했으면 좋겠어요.

그래서 이번 주 부자 코칭!

한 달에 만 엔짜리 교육 보험에 들 바에야 아이에게
만 엔을 주면서 "좋아하는 장난감을 사라"고 해보는
거야.

아이에게 만 엔을 주고
"좋아하는 장난감을 사라"고
해보자.

우리는 어렸을 때부터 돈에 대한 고정관념을 갖기 시작합니다.

아마 당신 또한 어린 시절 어머니에게서 이런 말을 들었을 겁니다.

"장난감 같은 건 사지 마. 대학 갈 때를 위해 저금해야지. 자, 세뱃돈 이리 줘."

그때, 당신 속에 두 가지 고정관념이 강력하게 만들어집니다.

"돈이란 내가 좋아하는 데 사용해서는 안 된다."

"돈이란 미래를 위해 사용하는 것이다."

그렇게 어른이 된 당신은 자신의 아이에게도 똑같은 고정관념을 심으려 합니다.

그렇지만 그건 잘못된 생각입니다.

앞에서 말했듯이, 대학에 들어가면 아이가 행복해질 것인지, 인도에 갔다가 그냥 소식이 끊겨져버릴 것인지는 아무도 모릅니다.

마찬가지로,

"아이에게 만 엔이나 주다니."

"아이에게는 돈을 관리할 능력이 없어."

"이상한 걸 사면 안 되잖아."

이렇게 생각하는 것 자체가 당신만의 의견에 지나지 않는 겁니다.

아이를 위해 교육 보험에 들려고 했던 그 만 엔을 그냥 아이에게 줘버리세요.

그 행위는 당신 자신의 돈에 대한 선입견을 해소하는 데도 도움을 줍니다.

돈, 그건 미래를 위해 사용하는 것이 아니라 지금을 빛나게 하는 도구입니다.

 우리, 나중에 장난감 매장에서 만나요.

* 그렇다고 필자가 장난감 업자라고 생각하지는 마세요. (웃음)

이번 주 한마디

아이에게 실패할 기회를
빼앗는 부모는 최악이다.

6

부자라서 다행이야

**이번 주
가난뱅이 상담**

옆집 아주머니보다
잘살고 싶어요

_후쿠오카에 사는 40대 O 씨

"어두웠던 현실이 변했습니다" "자금이 잘 돌아갑니다"라는 즐거운 소식이 들리길 바라며, 6주째 부자 코칭입니다.

안녕하세요, 대장 미쓰로입니다.

그러면 바로 주제로 들어가볼까요? 세상 모든 것은 진동입니다. 원자가 진동하니까 모든 물질이 진동합니다. 물질뿐만 아니라 소리도 빛도 전파도 다 진동입니다.

대장, 갑자기 과학 이야기를 하고 그러세요.
현실에 찌들어 사는 우리한테 '원자핵 진동' 이야기는 너무 생뚱맞잖아요.

거참 시끄럽네! 대장 말은?

절대 진리!!

그럼, 대장 말을 들어야 할 의무는?

절대적!!

진동이란 파장, 세계는 파장입니다. 뇌파腦波도 그 가운데 하나.

뇌파를 한자로 쓰니 뇌의 파장이네요.

그럼 그럼. 뇌도 떨고 있어. 알파파 정도는 들어본 적 있지?

베타파도 세타파도 우리 뇌가 얼마나 떨고 있는지 나타내는 수치라고.

생각해본 적 없지만, **내 뇌도 떨고 있다는 거네요.**

그 뇌의 떨림을 뇌파 측정기로 살펴보면 알파파나 세타파로 분류할 수 있다는 말이로군요.

뇌의 진동이 너무 미세하다 보니까 떨리고 있다는 사실을 느끼지 못하는 거지.

그럼, 아주 크게 진동하는 건 어디지?

몸에서 떨리는 장소… 혹시 다리를 달달 떠는 거?

자기 머릿속에서 복이 달아난다는 생각 자체를 버려, 가난뱅이 학생 여러분!

정답은 목소리다.

목소리도 진동이에요?

당연하지. 진동이니까 음파를 통해 소리를 듣는 거야. 그럼 오늘의 재료가 다 모였다!

① **뇌는 아주 작은 진동.**

② **소리는 커다란 진동.**

그럼, 질문을 하지. 세계에 영향을 끼치려면 큰 소리가 좋아, 작은 소리가 좋아?

큰 게 영향이 있지 않을까요?

안마기의 진동도 세게 해야 좋잖아요.

그렇다는 건 머릿속으로 '부자가 되고 싶어!'라고 백 번 생각하는 것보다, 입으로 '나는 부자다!'라고 한 번 소리를 내는 게 더 효과적이지 않을까?

그래서 이번 주 부자 코칭!

"아아, 부자라서 다행이야"를 입버릇으로 삼는다.

마, 말도 안 돼! 부자라서 다행이라뇨???

부자가 아니잖아요?? 내가 마트 같은 데 가서 그런 말을 하면 옆집 아주머니가 비웃어요.

웃을 테면 웃으라지 뭐. 그렇지만 반드시 언젠가 당신은 그 사람을 향해 웃어줄 수 있는 위치에 설 거야. 바로 부자가 될 테니까.

그렇지만 거짓말은 하고 싶지 않아요.

거짓말? 뭐가 거짓말이지?

오늘 아침도 된장국 하나에 밥을 먹었다고요. 부자가 아니거든요.

부자라니까!

아침에 일어나서 된장국으로 밥을 먹으면서 "아, 부자라서 다행이야"라고 중얼거리는 당신.

이건 아프리카에서 기아에 허덕이는 사람 입장에서 보면 사실이야.

당신은 부자니까 된장국에 밥을 먹을 수 있어. 나아가 콩나물시루 같은 만원 전철을 타면서 "아, 부자라서 다행이야"라고 중얼거릴 것.

이것도 거짓말일까? 500년 전 백성의 눈에는 호화로운 전철을 타고 가는 당신이 **최고 부자로 보일 거야.**

누가 거짓말과 진실 사이에 선을 그을 수 있을까?

그건 늘 '당신 자신'이야.

그야 옛날 사람에게는 만원 전철을 타고 가는 내가 부자로 보일 테지만, 운전사 달린 롤스로이스 타는 사람 눈으로 보면 가난뱅이잖아요?

그런데 왜 당신은 롤스로이스 관점에서 만원 전철을 바라보는 거야?

당신이 제멋대로 정했을 뿐이야. 롤스로이스로 바라보면 '난 가난뱅이'라고.

누가 그걸 정했을까? 그건 '당신' 스스로 정한 거야.

아니, 내가 그리 정한 게 아니라, 옆집 아주머니 눈으로 보아도 난 가난하다니까요.

'옆집 아주머니가 그렇게 바라볼 거야'라고 생각하는 건 당신이야.

당신이 멋대로 '옆집 아주머니 눈으로 바라본다면'이라고 정했을 뿐, '아프리카의 가난한 자의 눈으로 본다면' 부자 아닐까? 하나에서부터 열까지 모두 '당신'이 멋대로 정한 거야.

남의 눈도, 당신이 선택한 '남'이 바라보는 관점이야.

그런데 자꾸 등장하는 그 아주머니는 누구지?

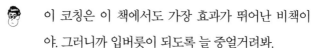 **하긴 내가 버릇처럼 옆집 아주머니 얘기를 하긴 했죠.**

누군가를 끌여들여 나를 가난하다고 정하는 것도, 다른 누군가와 비교해서 나를 부자라고 생각하는 것도 다 나 하기 나름이라는 거네요.

좀 부끄럽긴 하지만 "아아, 부자라서 다행이야"라고 중얼거리도록 할게요.

이 코칭은 이 책에서도 가장 효과가 뛰어난 비책이야. 그러니까 입버릇이 되도록 늘 중얼거려봐.

입버릇은 상상보다 더 빨리 세계를 바꾼다.

그야 뇌파보다 음파 진동수가 더 커서 세계에 더 강한 영향을 주니까.

무엇보다도 "아아, 부자라서 다행이야"가 입버릇이 되면, **자기 안에서 '거짓말'과 '진실'의 선이 변하니까 본인 스스로 진짜 부자**

라고 생각하게 된다.

그런 확신이 당신에게 많은 기회를 던져줄 것이고, 어느새 당신은 진짜 부자가 되어 있을 것이다.

이번 주 **부자 코칭**

"부자라서 다행이야"를 입버릇으로 삼는다.

이번 주 한마디

입버릇은 상상보다 더 빨리
세상을 바꾼다.

7

고급 호텔에서
물을 마신다

이번 주
가난뱅이 상담

옆집 부자가 꼴 보기 싫어요

_미야기에 사는 40대 S 씨

가을이 다가오는 소리가 들립니다. 이 소리는 온몸의 신경을 곤두세우지 않으면 들리지 않는 소리입니다. 편의상 '소리'라고 표현했는데, 그것은 가을의 향기이자 빛깔이고 기운입니다. 아무튼 가을의 발소리가 또렷이 들려옵니다.

대장, 뭔지 모를 나른한 기분에 젖은 듯해서 미안하긴 하지만, 의논할 게 있어요.

뭐? 지금 이런 낭만적인 기분에 젖은 나한테?
온 세상 사람이 '대장'이라 부르며 따르는 나에게 의논이라고?
이렇게 분위기 파악 못 하는 그런 무신경이야말로 당신이 고쳐야 할 가장 중요한 부분….

사실은 이웃집 부자가 파티에 초대를 했거든요. 그 호화로운 집을 보고 돌아와서는 그만 엉엉 울어버렸어요. 어떻게 그런 부자하고 나 같은 가난뱅이가 이리도 가까운 곳에 살고 있었을까요? 이건 정말 불공평해요. 절대로 받아들일 수 없어요! 정말 싫어!

사람 말을 그냥 깔아뭉개고 멋대로 상담을 시작해버리다니.

그런 건 총리한테 투서를 보내는 게 어떨까?

총리실에 쳐들어가기 전에 대장 의견도 한번 들어봐야죠.

그러니까 이웃에 무지 돈 많은 사람이 산다는 거네?

그렇다고 꼭 자객처럼 쳐들어갈 필요는 없잖아.

그 부자, 어디가 그리 부러워?

그 집에 갔더니 무지 비싼 소파가 놓여 있고, 거기 앉자마자 집사, 아니 하녀가 음료수를 가지고 오는 거예요!

게다가 클래식 음악이 배경에 깔리고 말이죠.

흠, 그 CD를 빼버리고 록 음악을 크게 틀어버리지 그랬어.

악마적인 록 사운드를 그 부자가 몇 초나 참을 수 있는지 실험해봤으면 좋았을 텐데.

아무튼, 그 집 분위기가 부러웠다면 **지금부터 그런 분위기에 익숙해져볼까나.**

그래서 이번 주 부자 코칭!

<u>최고급 호텔 로비에서 천연 탄산수를 마시자!</u>

고급 호텔은 너무 비싸요.

당신이 이웃 부잣집에서 본 풍경.

'고급 소파' '자리에 앉자마자 음료수를 가지고 오는 사람' '클래식 음악'.

그것을 미래의 자기 생활로 끌어들이려면, **서서히 그런 부자 환경 속에 '자신'을 길들일 필요가 있어.**

아, 그렇네요.

우선 최고급 호텔에 간다.

리츠칼튼이나 쉐라톤 같은 비싼 호텔.

그곳의 로비를 향해, '나는 부자야'라는 태도로 성큼 성큼 걸어 들어가.

그게 중요한가요?

아주 중요하지.

그리고 로비 라운지에 앉자마자,

"페리에 한 잔" 하고 말하는 거야.

메뉴를 보기도 전에 주문을 하면, 호텔 사람 눈에 당신은 단골 부자로 보일 거야.

아마도 옆자리에 앉은 진짜 부자도 당신이랑 아무런 차이가 나지 않겠지.

정말 그렇겠네요.

지금 이 순간, **당신은 '부자'라는 뜨거운 시선을 받게 된 거야.**

그래서 부러워할 이유도, 주뼛주뼛할 필요도 없어.

당당하게 소파에 앉아서 다리도 꼬는 거야.

역시 최고급 호텔이야.

피아노가 라이브로 연주되고, 주변에는 진짜 부자들이 있고, 생화가 담긴 꽃병이나 소파 또한 고급스럽지.

이 부자 분위기를 뼛속까지 스며들게 하고 맘껏 맛보았는데, 그 가격은 고작 1,000엔!

 네? 물 한 잔에 1,000엔이나 한다고요!

 이런 가난뱅이 찌질이!

잘 들어봐.

'이 정도 서비스에 고작 1,000엔밖에 안 한다고?'라고 생각하느냐,

'탄산수 한 잔에 1,000엔이나?'라고 생각하느냐,

그것으로 당신이 본인 앞에 놓인 현실에 대해 지불하는 '가치'가 결정 난다고.

당신은 인정하지 않는 거야. 그 가치가 얼마나 멋진 것인지.

그러니까 1,000엔에 '이나'라는 말을 붙인 거잖아.

솔직히 자기 눈앞의 가치를 인정할 수 있다면, '이렇게 싸다니!' 하고 생각하겠지.

그것이 미래의 당신이 가져야 할 사고방식이야.

아, 그렇구나. 그 정도 서비스와 부자 분위기를 즐기는 데 1,000엔이라면 싸긴 하네요. 눈앞에 놓인 현실의 가치를 내가 결정한다는 말이죠?

그럼 그럼. 그러니까 "비싸!"라고 하기보다 "싸!"라고 말할 때 당신은 '득을 본' 기분을 누릴 수 있어.

덧붙여서 마지막에 "오호호호"를 곁들이면 더 좋아. "오호호호, 이렇게 싸다니"라고.

봐, 지금 부자 기분이 들잖아?

….

아무튼 앞으로 부자가 될 테니,

지금부터 고급스러운 분위기를 몸에 배게 하라고.

그래서 자신이 체감하는 서비스나 상품을 '싸다!'라고 생각하게 할 것.

고급 호텔에서
천연 탄산수를 마시자!

이번 주 한마디

이미 당신은 부자로밖에
보이지 않는다!

8

짜릿한 말을 적어본다

이번 주
가난뱅이 상담

명품 백이 갖고 싶어요

_사이타마에 사는 20대 K 씨

알밤이 영그는 가을. 밤크림 케이크의 가을. 달콤한 가을.
뷔페 레스토랑을 나서며 두 시간 전의 나에게 있는 힘껏 설교
하고 싶은 기분에 젖어드는 미쓰로 대장입니다.
두 시간 뒤 나의 배를 볼 수 있었다면 뷔페 같은 데 가지도 않
았을 텐데. 출구에서 후회할 게 뻔하니까, 꺼억! (트림)

대장, 그만 상담으로 들어가요.

이제 들어가야지. 요즘 들어 대장에 대한 경의도 표
하지 않고 아무 때고 무작정 밀고 들어오는 사람이
많아. 그런데 오늘은 뭐? 혹시 로또라도 맞았어?

대장, 전 아이 키우느라 하루하루 정신없이 지내는
사이타마 주부예요. 명품 백이 갖고 싶은데, 대장이
좀 사주세요.

이건 이미 상담이 아니잖아!
사이타마에 사는 주부니까 명품 백이 갖고 싶다는 게
무슨 뜻인지 도무지 모르겠어.
가나가와로 이사하면 싸구려 백이 가지고 싶어지는

지 실험해보고 싶네.

아무튼 명품 백이 갖고 싶어요.

그러니까 인간이란 존재는 한 가지 생각에 푹 빠지면, 다른 생각을 하지 못하지.

고대의 위인이라도 마찬가지야.

'눈앞에 닥친 한 가지만 생각한다'라는 인간의 이 멋들어진 기능을 이용한 이번 주 부자 코칭!

당신을 가슴 두근거리게 하는 단어를 머릿속에서 한 가득 끌어내봐.

나를 가슴 두근거리게 하는 단어?

이를테면 '에르메스'라는 말을 들으면 어떤 기분이 들지?

무지 두근거려요.

버킨 백은?

최고예요!!

악어가죽.

그것도 당겨요.

순금 버클.

유후!!

리미티드 에디션.

숨 막혀!!!

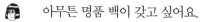

벤츠, 렉서스, 롤렉스, 에르메스, 48억 엔, 로또 16번 연속 당첨, 은퇴, 건강, 평화, 최고급 소고기, 최고급 호텔, 온천 여행, 퍼스트 클래스, 꿀잠…

인간은 한 가지밖에 생각할 수 없으니까, 가슴 두근거리게 하는 뭔가를 상상하는 동안은 그 말밖에 떠오르지 않는 거야.

A3 용지를 앞에 놓고, 가슴 두근거리게 하는 단어를 가득 적어봐.

왼쪽 메모지를 참고로 해서, 마음속에 감추어진 말들을 끌어내는 거야.

이를테면 가슴 두근거리게 하는 단어라면 '48억 엔'이라도 좋아.

왜 48억 엔인지, 그딴 건 생각하지 말고.

그냥 가슴 두근거리게 하는 말이면 뭐든 쓰는 거야.

조금 즐거운 일이긴 하지만 귀찮긴 하네요.

이 부자 코칭 중에서 어느 것이 내 안의 가난뱅이 사고를 부수는 건가요?

자꾸 말하는데, 인간은 두 가지를 한꺼번에 생각하지 못해.

'에르메스 백'이라는 말을 쓸 때,

당신은 '에르메스 백'만을 상상해.

그때 '에르메스 백 살 돈이 없다'는 사실은 생각하지 않아.

좋아하는 말만 쓰면서 가슴 두근거리다 보면 금방 다

른 말이 떠오를 거야.

맥락도 없이 갑자기 '48억 엔'이라는 단어가 튀어나오기도 하고.

 정말 맥락이 없네요. 그렇지만 가슴이 두근거려요.

 두근거리게 하는 말만 쓰다 보니 **다른 걸 생각할 틈이 없어져.**

평소의 당신은 무엇보다 먼저 '에르메스 백'을 생각하고, 다음 순간에 '나는 살 수 없는데'라는 상상으로 나아가버려.

그렇게 되면, 인간이란 한 가지밖에 생각할 수 없기 때문에 '살 수 없는데'라는 생각만 해.

그리고 또 다음 순간 '그렇지만 사고 싶어, 에르메스 백'이라는 상상을 하고, 그래서 '에르메스 백' 생각만 하지.

이 '에르메스'만을 생각하는 시간을 늘리기 위해서는 좋아하는 단어를 맥락도 없이 계속 적어나가는 거야.

'살 수 없다'라는 부정적인 사고가 일어나기 전에 다음의 '가슴 두근거리게 하는 단어'가 눈에 들어와.

당신의 사고는 영원히 긍정적 상태를 유지하는 거지.

 뭘 써도 괜찮아요?

아니, 한 가지 룰을 지켜야 해.

부정적인 말은 절대로 쓰지 말 것.

이를테면 '회사를 그만둔다'는 말, 그 말을 들으면 가슴이 두근거려?

두근두근하죠!

그건 표층 의식의 착각이야. 회사를 그만둔다는 말을 상상할 때, 당신은 있는 힘껏 회사를 상상하고 있어.

아, 그건 맞아요. 회사를 그만둔다고 쓸 때, 한 번은 회사를 상상하게 되네요.

꼴 보기 싫은 친구는 사라져버려! 그렇게 적을 때도 싫어하는 친구를 상상하는 거야.

인간은 부정의 표현을 상상할 수 없기 때문이지.

그러니까 '회사를 그만둔다'라고 적지 말고 독립이라든지 창업이라든지 긍정의 표현으로 바꿔봐.

알았어요! 긍정적으로 좋아하는 말을 마음껏 적으면 된다는 거네요!

에르메스, 프라다, 샤넬, 코치….

무슨 저주의 주문 같긴 하지만, 좋아하는 말이라면 뭐든 잔뜩 적어보는 거지.

이번 주 **부자 코칭**

가슴 두근거리게 하는 단어를
머릿속에서 짜낸다!

좋아하는 것

* 벤츠
* 밤크림 케이크
* 최고급 소고기
* 우리집 강아지

이번 주 한마디

인간은 부정의 표현을
상상할 수 없다.

부자신문 8월

가리가리 군 나폴리탄 맛 3억 엔 적자

아이스크림을 먹고 싶은 계절, 여름. 지금 일본에서 가장 잘 팔리는 아이스크림은 '하겐다즈'다. 그리고 그다음이 일본인들에게 잘 알려진 '가리가리 군'이다. 어린아이부터 어른까지 누구든 한 번은 먹어 본 유명한 아이스크림.

이 가리가리 군이 세상에 처음 등장한 것은 1981년. 바로 세계적 스타 사토 미쓰로가 태어난 다음 해. 출시 당시에는 한 해 판매량이 4,000만 개였는데, 지금은 5억 개를 넘는다고 한다. 일본 국민 한 사람당 1년에 세 개를 먹는 셈이다. 그런 가운데 2014년에 '가리가리 군 리치 나폴리탄 맛'이 출시되었다. 그 맛이란… 강한 케첩 맛에 은은한 피망 맛이 더해졌다.

개발자는 '스파게티 나폴리탄의 맛을 충실히 재현했다'고 자신감을 보였지만, 최종적으로는 320만 개의 재고가 발생하여 3억 엔 이상의 큰 적자를 보았다.

맛은 거의 완벽하게 재현했는데…

©2016 Akagi Nyugyo Co., Ltd. All Rights Reserved.

너무 참신해서 소비자가 따라가지 못한 건지도 모른다. 어느 TV 프로그램에서 판매를 담당하고 있는 아카기유업 사원이 판매 부진 이유를 '맛이 없어서'라고 고백한 적이 있다.

그러나 이런 도전 정신이야말로 '가리가리 군 주의'라 할 것이다. 옥수수 수프 맛이나 스튜 맛 등 매년 특이하면서도 기묘한 맛의 신제품을 개발하는 공격적인 자세를 유지하는 것이 가리가리 군의 매력인 듯하다.

계산기를 두드려보면, 기업으로서는 큰 타격이지만 아카기유업은 3억 엔이라는 거금을 꿈 놀이에 쏟아부었다.

부자 대원 여러분도 대담하게 돈을 '놀이하는 정신'으로 사용해보길 바란다. 돈은 언젠가의 '놀이'를 위해 모으는 것이니까.

물론 대장은 나폴리탄 아이스크림은 절대로 먹지 않는다.

9

비자금을 드러낸다

이번 주
가난뱅이 상담

비자금을 늘리고 싶어요

_시가에 사는 50대 G 씨

여기는 도쿄의 어느 카페.

가게 구석에서 케이크에다 대고 말을 하는 수상쩍은 아저씨가 있다.

🧑‍🦱 밤크림 케이크여. 아아, 그대는 왜 이다지도 사랑스러운가!

저 밤 알갱이가 이런 크림 같은 꼴로 변할 줄 그 누가 상상이나 할 수 있으리.

그럼, 잘 먹겠습….

👩 대장! 밤 알갱이를 보니 문득 생각났는데 말이죠, 비자금이 도무지 늘어나지 않아요.

🧑‍🦱 엥? 이런 소중한 시간에 누가 찬물을 끼얹는 거야?

세상에서 가장 평온한 '달콤한 시간'을 당신의 그 별 볼 일 없는 질문으로 망쳐버리려고?

👩 몰라요. 아무튼 비자금이 불어나지 않아요.

🧑‍🦱 불어나지 않으면 불어날 때까지 기다려야지, 삐약삐약. 그럼, 안녕.

기다릴 수 없으니까 이렇게 의논하는 거잖아요?

불어나지 않으면 불어나게 해줄게, 삐약삐약.

그럼 다음 주에.

아뇨. 지금 그 '방법'을 대장에게 듣고 싶어요.

올 때까지 기다리는 순둥이 역할을 못 한다면 이제 과격한 사람이 나설 차례지.

불어나지 않으면 죽여버려, 삐약삐약.

썩 목을 내밀지 못할까!

자, 잠깐만. 쉬는 데 방해했다고 죽여버리겠다니, 말이 너무 심한 거 아닌가요?

아니, 죽는 건 비자금이야.

잘 들어. 왜 비자금이 불어나지 않는 것 같아?

남편 수입이 적으니까?

아냐.

비자금이 불어나지 않는 것은 그걸 혼자서 불리려 하기 때문이야.

남몰래 모아두는 돈이니까 비자금이라고 하잖아요?

밤크림 케이크만 먹어대지 말고 국어사전 좀 찾아보세요.

하긴, 맞는 말이지.

비자금이란 남편 몰래 모아두는 돈이란 말이지?

그럼 물을게. 왜 남편한테는 비밀로 해?

이혼이라도 하게 되면 이런 돈이라도 있어야 먹고살죠.

하긴 뭐 그렇긴 하네. 자기 혼자 살아가지 않으면 안 된다고 생각하는 거네?

그래서 비자금을 모으는 거고.

그럼요. 비자금이란 혼자가 되었을 때 먹고살기 위해 모아두는 돈이라고요.

그럼 그렇지. 드디어 숨겨둔 음모가 드러났어.

당신은 자기 혼자 힘으로 살아갈 때 필요한 돈을 비자금이라 하면서, 그걸 남의 힘(남편의 수입)으로 모으려 하고 있어.

여기에 두 가지 고정관념이 충돌하기 때문에 비자금은 늘어나지 않아.

뭐가 좀 거창해지는 것 같아요.

잘 들어봐. '혼자 힘으로 살아가야만 한다!'라고 생각하면서 '남의 힘으로 그걸 보장받고 싶어!'라니, 뭔가 좀 이상하지 않아?

도대체 어느 쪽이야?

오른쪽으로 가고 싶긴 한데 왼쪽으로 가고 싶다고 말하는 거랑 똑같잖아.

당신의 바람을 우주의 관점에서 보자면, '혼자 힘으로 살아가고 싶어!'인지 '남의 힘으로 살아가고 싶어!'인지 알 수 없어.

그러니까 앞으로 나아갈 수 없지.

뭔지 좀 알 것 같기도 하네요.

빨리 그다음을!

나아가고 싶은 방향을 하나로 결정하면 돼.

그리하여 이번 주 부자 코칭!

남편에게 주머니를 열어 보여라.

어머, 또 그런 말도 안 되는 코칭을.

남편에게 제 비자금이 얼마인지 밝히라고요??

비자금이 있다는 말도 하지 않았는데?

말하라니까.

그렇게 하여 당신은 아까까지 손에 쥐고 있던,

'혼자 힘으로 살아가야 해'라는 생각에서 벗어나,

'남의 힘을 포함해서 다 함께 살아가는 게 좋아'라는 경지에 이르러 평안을 얻을 테니까.

간단히 말해 비자금 같은 걸 가진 탓에 남의 도움을 철저히 거부하는 상태에 놓였던 거야.

그런 상태에서는, 당신의 저축은 늘어나지 않아.

남편에게 밝힘으로써 비자금이란 이름의 저축에서

'가족 저축'이라는 이름으로 바뀌는 거야.

그렇게 이름이 바뀌면 당신 혼자서 불려야 한다는 의무감에서 해방된다고.

그렇지만 만에 하나 남편하고 이혼했을 때 비자금이 없으면 힘들어진단 말이에요.

이혼에 대비하니까 이혼이 찾아오는 거야.

혼자서 살아가는 것보다 가족과 함께 살아가는 것이 좋아.

혼자서 비자금을 늘리는 것보다 가족 저축을 늘리는 게 더 편해.

어쨌든 '밤'은 이 케이크 하나로 충분해.

그러니까 이제 돌아가! 내 황금 같은 휴식 시간을 방해하지 말고.

배우자에게
비자금을 드러내라.

이번 주 한마디

좌우로 동시에
나아가는 건 힘들다니까!!

10

TV를 보지 않는다

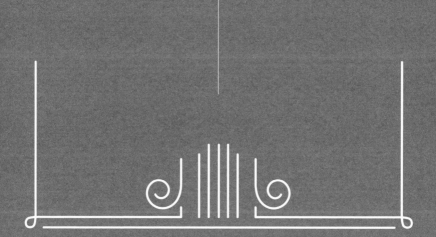

이번 주
가난뱅이 상담

쇼핑에 중독됐어요

_가나가와에 사는 40대 S 씨

어느 상쾌한 일요일, 집에서 뒹굴고 있는 미쓰로 대장에게 대원이 보낸 초대장이 날아들었다.

초대장 : 대장, 이사했습니다. 놀러 오세요.

🙂 뭐라고?? 내가 네 친구냐!!
왜 대장이나 되는 내가 대원이 이사한 집에 놀러 가야 하는 거야!! 까불고 있어!

🙂 대장, 어서 오세요.

🙂 거참, 결국 오고 말았네. 이렇게 될 줄 알았지.
투덜거리면서 가고야 마는 스타일. 하긴, 난 마음이 너무 여려. 예수님의 환생이라는 말을 듣는 수준이야. 그러니 예수 대장이라 불러줘.
그런데 웬 물건이 이렇게 많아.

🙂 어쨌든 사고 보거든요, 이거저거.

🙂 저기 복근 머신, 허벅지 강화 머신.
한 번도 써먹지 않은 몸매잖아, 당신.

🙂 괜한 간섭 마세요. 물론 사용하지 않았죠.

써먹지도 않으면서 이것저것 마구 사들이니까, 도저히 저금할 여력이 없어요.

그러니까 이번 주 부자 코칭!

TV 콘센트를 한 달만 빼버리자.

아, 굿 아이디어. 인터넷 쇼핑을 보지 않는다는 거죠?

아냐, 모든 프로그램을 한 달간 안 보는 거야.

네? 예능 프로그램도요??? 그건 봐야 해요!!
돌개바람하고 진주조개의 사랑이 과연 깨질 것인지,
마음에 걸려 도저히 잠을 잘 수 없다니까요!!

잘 들어봐, 사람이 왜 쇼핑에 빠져드는지 알아?

지금보다 더 멋지게 살고 싶으니까요. 허벅지 둘레를 지금보다 2cm 줄이려고 이 셰이프 업 기구를 산 것처럼.

그렇고말고. **무언가를 사는 건 '지금보다 더 멋지게 살기 위해서'야.**

그건 다시 말해 '지금 이대로는 안 된다'라고 생각한다는 것. 그러니까 '지금보다 더 좋아지기 위해서' 뭔가를 사는 거지.

결국 산다는 행위의 뿌리에는 반드시 '불안'이라는 것이 있어.

불안하니까 산다고요?

그럼. **사람은 '불안'하니까 뭔가를 사서** 그 틈을 메우려고 해. 왜 사람들은 먹을 걸 살까?

배가 고파서?

아냐. 먹지 않으면 죽을지도 모른다는 '불안' 때문이야. 그럼 왜 화장품을 살까?

예뻐져서 남편에게 복수하려고?

복수 때문이 아냐. (웃음)

당신 가정사는 잘 모르겠지만, 화장품을 사는 것도 '불안'하기 때문이야.

왜 예뻐지고 싶어 할까. 지금은 예쁘지 않다고 마음이 불안에 떨기 때문이야.

난 아름답다며 느긋하게 살아가는 사람은 화장품 같은 거 사지 않아.

예외 없이 모든 구매 행위는 불안 때문이라고요?

당연하지. 예외는 없어.

모든 '구매'가 '불안'에서 비롯한다는 이야기는 이미 100년 전 마케팅 이론에서 나왔어.

'불안'에 사로잡히면 사람은 '구매'를 해.

그럼 이런 이론을 아는 당신이 만일 상품을 파는 쪽이라면, 어떻게 해야 소비자에게 팔 수 있을까?

사게 하려면 사람을 '불안'하게 만들어야죠.

그렇고말고! 물건을 팔려면 소비자를 불안하게 만들어야 해.

'허벅지가 너무 굵으면 정말 좋지 않다'라는 불안을 조장하는 거지.

그런 말을 들으면 셰이프 업 기구를 사지 않을까?

'결혼하지 않고 노후에 혼자 어떻게 살겠어.'

그런 말을 들으면 아름다워지려고 미용 기구를 사는 거지.

불안하게 만들면 만들수록 상품은 잘 팔린다.

이건 통계적으로 드러난 사실이야.

그렇다면 물건을 팔려는 스폰서가 붙은 TV 프로그램이 불안을 조장한다는 말이에요?

모든 프로그램이 다 그렇다는 건 아냐.

물론 TV에는 아주 좋은 프로그램도 많아.

그렇지만 기본적으로 뭔가를 팔려는 의도를 가진 매체이기에 '불안'을 조장하는 방향으로 기울어질 수밖에 없어.

살인 사건이 일어났습니다, 저 먼 나라에서 전쟁이 일어났습니다, 소비세가 10%로 오릅니다, 간병 보험료가….

이 모든 것이 당신을 불안하게 해.

그러면 당신은 사고 싶어 견디지 못하지.

슬픈 일이지만 이건 행동심리학적 진실이야.

그 이론 그대로 모두가 그렇게 행동해.

'불안해지면 뭔가를 사고 싶어진다.'

그러니까 한 달만이라도 TV 콘센트를 뽑아버리라고.

그, 그렇지만 돌개바람하고 진주조개의 연애는 어떡
해요? 앞으로 두 사람의 사랑이 어떻게 전개될지, 새
로운 라이벌로 등장한 돌콩과의 관계가 마음에 걸려
견딜 수 없다고요!

봐! 지금 '불안'해하고 있잖아, TV를 안 보면 진주조
개 소식을 알 수 없다는 불안.

먼저 그 불안을 극복해야 해.

연예인 소식을 몰라도 당신은 그 자체로 아름다워.

내가 아름답다고…?!

아, 지금의 나는 사실 아무것도 보탤 필요가 없지.

그럼 나는 어떤 상품도 필요가 없어.

그렇지, 많이 살 필요가 없네. 좋아, 한번 해보자.

좋았어, 파이팅!

그럼 이사를 축하하는 의미로 TV를 통째로 우리 집
에 가져갈게.

아, 안 돼!!!

이번 주 **부자 코칭**

TV 콘센트를 한 달만
뽑아버리자.

이번 주 한마디

아무것도 사지 않아도
좋을 만큼
당신은 근사하다.

11

웃으면서 돈을 쓴다

이번 주
가난뱅이 상담

아무튼 돈 좀 주세요

_가나가와에 사는 30대 K 씨

가을이 깊어가는 도쿄의 회의실.

편집부로 날아든 부자 대원의 상담을 체크하는 부자 대장.

흠… "돈이 늘지 않아요" "돈이 들어오지 않아요" "돈 벌이 좋은 직업을 가지려면" "무에서 돈을 창출하는 방법은"….

'돈' '금전' '자금'….

모두가 돈돈돈, 너무 시끄러워!!

그렇게 '돈'이 좋으면 조폐공사에 취직하면 되잖아!!

조폐공사 직원이라도 '지폐'를 마음대로 집어갈 수 없잖아요.

뭐? 당신들은 '지폐(돈)' 그 자체를 사랑하는 사람들 아니었던가?

철도 마니아가 선로 옆에서 카메라를 들고 어슬렁거리듯이, 조폐공사에서 일하면 매일 보고 싶은 만큼 돈을 바라보며 행복하게 살 수 있는 거 아니야?

그걸 지금 말이라고 하는 거예요, 대장?

우린 '지폐' 그 자체를 사랑하는 게 아니에요.

혹시 이거, 유도 질문이었던 건가?

당신은 단호하게 말했어. 우리는 지폐 그 자체를 사랑하는 게 아니라고. 그럼 당신은 무얼 좋아하지?

아, 갑자기 묘한 기분이 드네요. 과연 난 무얼 좋아할까요? 늘 돈을 좋아한다고 생각했는데, '돈' 그 자체를 좋아하는 게 아니니까….

그렇지? 사랑하는 아이 사진을 지갑에 넣어두듯이 지폐에 그려진 위인들을 사랑해서 그걸 지갑에 넣고 다니는 건 아니지?

당신들은 '만 엔' 그 자체를 좋아하는 게 아냐.

그런데도 늘 '만 엔 지폐'를 가지려고 해. 이거 이상한 일 아닌가?

철도 마니아는 선로 옆에 서기만 해도 행복한데, 돈을 좋아하는 우리는 조폐공사의 기계 앞에서도 행복하지 않아요. 그런데도 오늘도 "돈!" "돈!" "돈!"이라 외쳐대고….

셜록 홈스 씨, 도대체 이 트릭은 뭐죠?

왓슨 군.

당신들은 '돈의 이면'을 사랑하는 거야.

돈을 손에 넣은 다음 그걸 활용하여 뭔가를 얻는 걸

좋아하는 거잖아? 그게 아니라면 지폐 속 위인들의 초상화를 많이 모아야 행복해?

잘 들어. 그 초상화 표정도 지폐 그림이랑 똑같아. 국가의 체면 때문에라도 초상화와 지폐 속 인물은 1밀리미터의 차이도 없이 똑같아야 해. (웃음)

하긴 초상화를 모으려고 돈이 가지고 싶었던 게 아니야. 그렇다는 건 홈스 씨, **우리는 돈을 좋아하는 게 아니라 그 돈을 사용하는 게 좋아서 손에 넣으려 하는 것 같은데요?**

드디어 정답을 찾았구먼, 왓슨 군!

당신들은 사실 돈을 손에 넣는 것보다 돈 쓰는 걸 더 좋아해! 그런데도 무작정 손에 넣는 데 온 힘을 다 쏟고 있어!

이거 아주 웃기는 일이라고.

장어구이 말이야. 장어 먹는 걸 좋아하다가 갑자기 장어를 모으는 데 온 정신을 다 팔아버린다면 어떻게 될까? 장어는 썩어, 썩는다고.

장어를 예로 드는 바람에 순간 어리둥절했는데, 대충 알 것 같아요. 원래 모으는 것보다 쓰는 걸 진짜로 좋아한다는 거잖아요.

어느 순간부터 역전 현상이 일어난 거야. 이것을 원

래대로 돌려놓아야 해.

그래서 이번 주 부자 코칭!

<u>오늘 하루 웃으면서 마음껏 돈을 써보자.</u>

그거로군요. 돈을 '쓰는 것'이 본래의 기쁨이란 사실.

그러니까 웃으면서 돈을 쓰자는 지침이네요.

그냥 웃는 건 너무 약해!

폭소를 터뜨리며 돈을 쓰는 거야, 왓슨 군!

계산대 앞에 서서 배를 마구 두드리며 "우헤헤, 배가 찢어질 것 같아!" 하고 웃으며 만 엔을 내는 거야.

싫어요.

하긴 폭소까지는 아니어도 되겠지만, **기쁜 표정으로 돈을 사용하라는 거지.** '쓰는 것'이 본래 목적이니까.

그럼에도 우리는 돈을 쓸 때 대체로 어떤 표정을 짓고 있지?

보통은 뚱한 표정이죠. 찡그리기도 하고요.

그야 자기 호주머니에서 돈이 나가니까 어쩐지 슬픈 기분이 들기도 하고….

어이, 본래의 원리를 잊었잖아.

지폐 속 초상화가 줄어드는 걸 슬퍼하는 초상화 마니아였어? 아니잖아. 돈은 뭘 하기 위한 거라고?

쓰기 위한 겁니다!!!

좋아. 그걸로 됐어.

이번 주 코칭은 **돈을 사용할 때마다 '내 손에서 벗어 난다'라는 부정적인 생각을 하지 않는 연습이야.**

그렇잖아. '돈을 쓰는 것'이야말로 본래 목적이니까.

또 하나, 마법을 걸어보자고.

이제부터 돈을 쓰면서 '줄어들었다'라는 부정적인 감 정이 일어날 때마다, 만 엔 지폐의 얼굴을 보는 거야.

그리고 중얼거려. "사실은, 당신보다 브래드 피트 쪽 이 내 타입이야"라고.

스스로에게 그런 암시를 주면서 '초상화 수집' = '돈 은 모으는 것'이라는 착각에서 깨어나는 거야.

마지막으로 다시 한번 묻지. 돈은 무엇을 위한 것이 라고?

쓰기 위한 것!!!

돈으로 뭘 할 때가 가장 즐거워?

쓸 때!!

좋았어. 땡큐, 돈 마니아.

돈은 무엇을 위해 존재할까?

여러분도 잠시 마음을 가다듬고 생각해보시길.

'쓸 때' 가장 행복하다는 사실을 깨달을 것이다.

이번 주 **부자 코칭**

오늘 하루 웃으면서
돈을 마음껏 써보자.

이번 주 한마디

당신들은 돈의 이면을
사랑하고 있는 거라고.

12

싫어하는 사람에게
밥을 산다

이번 주
가난뱅이 상담

지갑에 돈이 없어요

_사이타마에 사는 40대 Y 씨

대장, 돈을 마음껏 쓰고 싶은데, 만 엔밖에 없어요!!

'만 엔'으로 사치를 할 수 없다고 생각해?

그런 사고 자체가 가난한 거야.

부자는 100엔이라도 아주 사치스럽게 쓸 수 있어.

만 엔으로 어떻게 사치를 해요?!

그러면 당신이 생각하는 '사치'를 하나하나 예를 들어봐.

내가 생각하는 사치란….

비행기 일등석을 타는 것.

초일류 호텔에서 자는 것.

최고급 레스토랑에서 식사하는 것.

벤츠를 타고 아이를 학원에 데려다주는 것.

고급 주택지에 집을 짓는 것.

디즈니랜드를 하루 전세 내는 것.

우왓! 가슴이 두근거려.

혹시 이런 두근거림 자체가 소중한 거라는 말씀인 건가요?

아니, 전혀 아냐.

당신이 생각하는 사치가 완전 잘못됐다는 거야.

엥? 완전 잘못된 거라고요?

사치 같은 건 생각하지 말고 소박하게 살라는 말씀인가요?

대장이 '사치'의 항목을 늘어놓으라고 하니까 최고급으로만 들었을 뿐이에요.

평소에는 된장국에 밥이라고요! 검소하잖아요!

딱히 검소하고 소박하게 살라는 말이 아냐.

내가 하고 싶은 말은 당신의 '사치'가 틀렸다는 것뿐이야.

최고급 호텔에서 자고 싶다는 게 무슨 사치야?

사, 사치잖아요!!

생각해보세요, 대장. 너무 비싸서 서민 감각하고는 안 맞아요!!

몰라요? 역 앞 모텔은 만 엔으로 잘 수 있지만, 그 옆의 포시즌 호텔은 5만 엔이나 하잖아요?

이게 '사치'가 아니면 뭐냐고요!

아냐, 전혀 사치 아니라니까.

잘 들어봐. **'사치'란 '지불할 가치'와 '제공되는 서비스'의 균형에서 비롯하는 말이야.**

그럼, 이렇게 묻지.

포시즌 호텔에 묵었습니다.

상상을 넘어서는 세계가 펼쳐졌습니다.

방에는 10만 엔이나 하는 돔 페리뇽, 저녁은 풀 코스,
침대는 푹신푹신.

그래서 당신은 100만 엔 이상의 서비스를 받은 기분
이었습니다.

그런데 체크아웃할 때 계산서에는 5만 엔이라 적혀
있었습니다.

음, 싸다는 생각이 드네요.

100만 엔 서비스를 받고 5만 엔을 냈으니까요.

이 호텔을 사치스럽다고 할 수 있을까?

당연히 사치가 아니죠! 오히려 합리적인 가격이라고
해야죠!

그럼 두 번째 질문.

여행을 가고 싶은데 집에는 금붕어를 기르는 어항이
있습니다.

그래서 여행하는 동안 동물호텔에 맡겼습니다.

그 호텔은 하룻밤에 만 엔이었습니다.

금붕어를 위해 만 엔짜리 호텔을 예약한 당신은?

엄청 사치스럽잖아요!!!

고작 금붕어를 위해 만 엔이나 지불하다니!!

맡기지 말고 그냥 구워 먹어버리는 게 낫겠네요!

그것참 이상하다는 생각 안 들어?

첫 번째 질문에서 당신은 호텔비 5만 엔을 합리적인 가격이라고 했어.

두 번째 질문에 대해 당신은 호텔비 만 엔이 사치스럽다고 했지.

그렇다면 금액 문제가 아니라고 할 수 있겠지.

앗! 대단해. 정말 그렇네!

5만 엔이 합리적인 가격이고, 만 엔이 사치스러운 거라니!

그렇다면 만 엔으로도 사치를 부릴 수 있다는 거네.

그럼. 다시 한번 말하겠는데, '사치'란 '지불하는 가치'와 '제공되는 서비스'의 균형에서 비롯하는 거니까 금액하고는 아무런 관계가 없어.

100엔으로도 사치를 부릴 수 있어.

100엔으로 사치를 할 수 있다면 만 엔이나 가진 난 얼마든지 사치를 할 수 있구나!

그럼 뭘 할까~?

그 만 엔으로 뭘 할 것인가는 대장으로서 내가 정해주지. 잘 들어. **그 만 엔을 엄청 사치스럽게 사용하기**

위해서….

이번 주 부자 코칭!

<u>싫은</u> 사람을 점심에 초대해서 밥을 사주자.

네? 대장, 어떻게 그런 바보 같은 말을….

지갑에 만 엔밖에 없는데 꼴도 보기 싫은 사람한테 밥을 사주라뇨? 그런 사람하고는 만나기도 싫어요! 그 사람이 사준다고 해도 안 갈 거라고요!

하지만 자넨 만 엔으로 엄청난 사치를 부리고 싶다고 했잖아?

사치란 아깝지만 내질러버릴 수 있는 용기를 두고 하는 말이야.

아무리 그래도 꼴도 보기 싫은 사람한테 밥을 사라니요?

돈이 무지무지 아깝네요!

돈을 쓰레기통에 버리는 거라고요!!!

바로 그거. 돈을 쓸데없는 데 버리는 것이 바로 사치 아닌가?

어라?? 뭐야 이거, 미쓰로 대장이 마술을….

마술이 아냐. 단순한 논리일 뿐이야.

생각해봐. **'사치'란 지불한 가치보다 제공받는 서비스가 너무 적을 때 입에서 나오는 소리니까.**

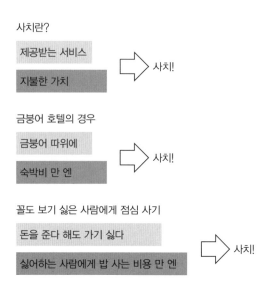

사치란?

제공받는 서비스	
지불한 가치	⇨ 사치!

금붕어 호텔의 경우

금붕어 따위에	
숙박비 만 엔	⇨ 사치!

꼴도 보기 싫은 사람에게 점심 사기

돈을 준다 해도 가기 싫다	
싫어하는 사람에게 밥 사는 비용 만 엔	⇨ 사치!

조금 어렵네요. 흠, 그러니까 지불하는 가치보다도 제공받는 서비스가 너무 적으면 '사치'가 된다는….

그렇고말고. 꼴 보기 싫은 사람한테 밥을 산다는 건 정말 아까운 일이야.

아까운 일에 돈을 시원하게 쓰는 것. 이게 얼마나 사치스러운 일일까? 그런 일에 절대로 돈을 쓰고 싶지 않기 때문이지.

당연히 쓰고 싶지 않죠. 그러니까 이번 주 코칭은 절대로 받아들일 수 없어요!

그렇지만 말이야. 일단 해치우면 엄청난 걸 알게 돼.

이번 경우, 가치를 지불(만 엔 지불)하는 사람은 그대이고 제공받는 서비스가 애당초 아주 적다는 것(싫은 사람하고 먹는 점심에는 만 엔의 가치가 없다)을 알고 있어.

실행하기 전부터 이미 '최고의 사치'라는 사실을 안다는 거야.

그러니까 일단 해버리면 잠재의식 속에 '나는 사치스럽게 돈을 사용한다'라는 내용이 새겨져.

으아, 그건 싫은데.

표면적으로는 싫겠지만, 돈에 대해 자신의 우위성을 확보할 수 있어.

아무튼 이러쿵저러쿵 떠들어봐야 아무것도 안 되니까 빨리 꼴도 보기 싫은 사람에게 전화해!

대장의 명령은?

절대적이다.

부자 코칭은 '배우기' 전에 '하는' 것이 중요해.

부자는 배우는 것이 아니라 하는 거야.

생각하기 전에 해봐.

이번 주 코칭도 실천하고 나면 아마도 좋은 일이 엄청 생길 거야.

이번 주 **부자 코칭**

싫어하는 사람에게
밥을 산다.

이번 주 한마디

사치란 아까운 일을
해버리는 용기다.

부 자 신 문 9월

연봉이 가장 높은 회사
1위는 1,947만 엔

연봉이 높은 기업 순위가 발표되었다. 1위 회사의 평균 연봉은 무려 1,947만 엔!

더욱이 이 회사 근무자의 평균 연령은 29세라고 한다.

그럼 여기서 연습해보자. 꿈이 가득한 이런 뉴스를 보았을 때는 '부럽다'라고 하지 말고 '근사하다'라고 하는 사람이 되자.

젊은 청년이 거금을 받는 현실에 짜증이 날지도 모르겠지만, 꿈이 없는 세계보다는 훨씬 낫지 않은가.

우주는 오늘도 당신 눈앞에 이렇게 꿈을 펼쳐놓는다. 당신에게 위를 바라보며 걸으라고 한다.

덧붙여서 일반적인 대졸 월급쟁이가 평생 버는 돈이 2억 6,000만 엔이라고 한다. 의외로 꽤 많이 버네 뭐.

평균 연봉 순위

		평균 연봉
1 위	M&A 캐피털파트너스	**1,947** 만엔
2 위	키엔스	**1,648** 만엔
3 위	노무라 홀딩스	**1,579** 만엔
4 위	아사히방송	**1,518** 만엔
5 위	도쿄방송 홀딩스	**1,509** 만엔
6 위	GCA 사비안	**1,486** 만엔
7 위	니혼TV 홀딩스	**1,469** 만엔
8 위	후지미디어 홀딩스	**1,447** 만엔
9 위	TV아사히 홀딩스	**1,433** 만엔
10 위	이토추상사	**1,395** 만엔

• 《연봉사전》 평균 연봉&매출 상위 순위에서.
• 유가증권보고서를 제출한 기업에 한정하여 산출한 것이다.

13

계산대 직원에게
고맙다고 인사한다

가게에 손님이 오지 않아요

_사이타마에 사는 30대 S 씨

어제까지 여름이었던 것 같은데 어느새 가을을 지나 겨울에 접어든 요즘, 부자 대원 여러분은 어떻게 지내시는지요? 가을을 건너뛰듯 달려와 겨울이 되었듯, 어제까지만 해도 빈털터리였던 대원 여러분이 빌 게이츠가 되는 날도 가까워진 것이 아닐까요?

저희 가게에 손님이 아예 오지를 않아요. 이번 달도 큰일이에요.

왜 손님이 안 오느냐 하면, 당신이 '손님은 왕이다'라고 생각하기 때문이야.

네? 당연하잖아요? 손님은 왕이니까요.

손님이 왕이라면 당신은 뭐지?

노예인가? 노예의 가게에 줄을 서는 왕이라니, 상상이 가?

노예의 가게에 왕이 줄을 선다니요. (웃음)

당신과 손님은 대등해.

생각해봐. 같은 인간이잖아.

그런데도 **장사를 하다 보면 어느새 손님은 왕이 되어
버려.**

그리고 파는 사람은 자신을 종이라고 생각하게 돼.

그렇네요. 분명 손님이 위라고 생각하는 경향이 있어
요. 누가 '손님은 왕'이라는 말을 처음 만들었을까요?
그놈이 제일 나쁜 놈이야.

잘 생각해보면 정말 이상한 말이지.

'손님은 왕'이라고???

가게를 처음 열고 나서 친구에게 "이번에 왕을 상대
로 장사를 시작했어!"라고 말하지 않을 거잖아. 그랬
다가는 친구가 놀라겠지. "뭐? 왕한테 물건을 팔아?"

호호호, 정말 웃기네요.

안타깝지만 이게 당신이 평소에 생각하는 내용이야.
왕을 상대로 장사를 하는 게 아니라 보통 사람을 상
대하는 거야. 서로가 대등하다는 거지. 원래부터 파
는 사람과 사는 사람은 평등했어. 그런데 화폐 경제
가 시작되고부터 **인간은 돈을 지불하는 쪽이 더 위라
는 착각을 하기 시작했지.**

착각?

그래. '돈의 신화'라는 착각이 시작된 거야.

'100엔을 가진 사람'과 '라이터'를 가진 사람이 있다

고 해보자.

<table>
<tr><td colspan="1">같은 가치</td></tr>
<tr><td>라이터</td></tr>
<tr><td>100엔</td></tr>
</table>

원래는 같은 가치니까,

"우리 바꿔요, 그렇게 해요, 좋아용♪"

그래서 서로 바꾸게 되는데,

어느새 100엔을 가진 사람(손님)이 라이터를 가진 사람(점원)보다 어깨에 힘을 주게 되었어.

그건 그래요. 편의점 직원은 고개를 조아리며 라이터를 건네고, 사러 온 손님은 아무 말 없이 당당하게 가게를 나가는 거죠.

그런데 그거 좀 이상하지 않아?

100엔이 라이터보다 더 가치가 있다면 잔돈을 내줘야지.

그런데 라이터는 잔돈이 필요 없는 100엔 그대로의 물건이잖아? 그렇다면 100엔을 지불하는 쪽(손님)하고 라이터를 건네주는 쪽(점원)은 사실 평등하다고 봐야 해.

둘 다 100엔 가치를 바꾸는 거니까.

<table>
<tr><td>점원</td><td>라이터</td></tr>
<tr><td>손님</td><td>100엔</td></tr>
</table>

확실히 그러네요. 그런데도 라이터를 건네는 쪽이 "감사합니다, 또 오세요!"라며 머

<table>
<tr><td>점원</td><td>라이터</td></tr>
<tr><td>손님</td><td>100엔</td></tr>
</table>

리를 조아리고, 100엔을 건네주는 손님은 말없이 "에
헴!" 하며 젠체하고… 정말 이상해요.

똑같은 가치를 교환하는데, **무슨 영문인지 손님이 어
깨에 힘을 줘요.**

'돈을 지불하는 쪽이 위'라는 고정관념을 지우지 못
하면 언제까지고 당신에게 돈이 들어오지 않아.

그래서 이번 주 부자 코칭!

이번 일주일은 마트 점원에게 "팔아줘서 고마워요!"
라고 인사할 것.

그건 안 돼요.

점원이 나를 얼마나 이상한 눈길로 바라보겠어요.

대장은 손님이 계산대 앞에 서서 "팔아줘서 고마워
요!"라고 말하는 장면을 본 적 있어요?

없지.

있을 리 없잖아.

앞으로도 없을 테고.

그런데도 그런 코칭을 하다니 제정신이에요??

정말 미친 사람 보듯 할 거라고요.

신경 쓰지 마. 이상하다는 듯 바라보는 그 자식들이
논리적으로 더 이상하니까.

방금 말했잖아. 돈이 더 위야?

같은 가치를 가진 상품보다 **왜 돈이 더 위지?**

두, 둘 다 같은 가치인데 말이야….

100엔짜리 라이터는 100엔.

그래서 '100엔 라이터'고.

100엔하고 100엔 라이터를 교환했다면, 점원이나 손님이나 **같은 가치를 바꾸었으니, 구입한 쪽에서 '고마워요'….**

그래, 그게 맞아.

이상하기는 하지만 그렇게 '팔아줘서 고마워요'라고 말을 하다 보면 손님이 반드시 위가 아니라는 생각을 갖게 될 테니까, 당신은 손님 상대로 장사를 잘할 수 있게 돼.

당신 가게에 손님(인간)이 엄청 오게 된다는 거지.

사는 쪽이 왕이라면 파는 쪽도 왕이야.

우리는 감사하는 마음을 등가 교환하는 것이니까.

누구 할 것 없이 모두가 왕이야.

이번 주 **부자 코칭**

일주일 동안 마트 점원에게
"팔아줘서 고마워요!"라고
말해보자.

이번 주 한마디

100엔짜리 라이터도
100엔이잖아.

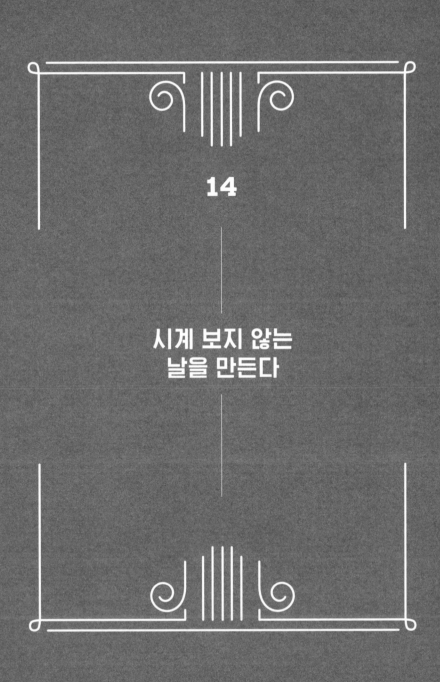

14

시계 보지 않는
날을 만든다

이번 주
가난뱅이 상담

태어날 때부터 가난했어요

_오사카에 사는 50대 K 씨

대장, 부자 레이스를 벌이는 이 세상에서 우리 집은 제가 태어날 때부터 불리했어요.

아버지가 평범한 월급쟁이였거든요. 물론 땅도 없고 유산도 없었어요.

그럼, 주제를 바꿔서 올림픽을 생각해보자고. 만일 당신이 올림픽에 나간다면 어떤 종목에 나갈 거야? 잘하는 종목과 못하는 종목 중에서 고른다면?

당연히 잘하는 종목에 나가죠.

그럼 이야기를 다시 되돌려서 '태어날 때부터 불리한 종목!'이라 주장하는 '부자 레이스'에 일부러 승부를 거는 바보가 있을까?

없죠. 자기가 유리한 종목에서 승부를 걸겠죠.

그런데 생각해봐요. 이 부자 레이스에서는 출발점부터 너무 차이가 나요. 이건 불공평한 종목이야! 올림픽위원회에 항의할 거야!

부자 레이스가 왜 불공평하다고 하지?

태어난 집안에 따라 주어지는 '양'이 너무 다르니까

요. 예를 들어 유복한 가정에서는 돈의 양이 10,000 정도이고, 가난한 집안에서는 30 정도밖에 주어지지 않아요. 결과적으로 소유한 양(저금)이 달라요! 그러니까 부자 레이스는 태어날 때부터 불공평해요!

그럼, 누구에게나 평등하게 분배되는 것이 있는데, 그게 뭘까?

빌 게이츠도 당신도 연예인도 운동선수도 평등하게 가지고 있는 것….

뭘까, 이런 극단적인 격차 사회에서 누구에게나 평등하게 분배되는 것…?

그런 게 어디 있어요?

운동 신경도 유전이니까 불공평, 재산도 땅도 상속의 결과물이니까 불공평, 다리 길이도 미모도 불공평…. 누구에게나 평등하게 분배되는 것 따윈 절대로 없다니까요.

거참, 그럼 특별히 힌트를 주지. 그건 '시간'이야.

엥? 힌트가 아니라 바로 정답 아니에요?

바로 알아들었네! 정답!!

정답은 '시간'이야. 가난뱅이에게도 부자에게도 어른에게도 어린아이에게도 남자에게도 여자에게도 누구에게나 평등하게 분배된 것, 그건 '시간'이야. 매일

24개라는 양을 모두에게 똑같이 나눠주지. **불리한 선수는 어디에도 없어.**

정확히 똑같은 24개의 양을 온 인류가 평등하게 나누어 가지니까.

우와, 대단해. 그런 생각은 하지도 못했네. 맞아, 누구나 24개씩 나눠 가지는 것이 바로 시간인 거야. 빌 게이츠도 가난뱅이도 아무 차이가 없어.

태어날 때부터 주어지는 양에 차이가 나는 종목에 승부를 걸지 말고, 누구에게도 평등한 '시간'이라는 종목에 승부를 걸어보는 게 어때?

그렇지만 그게 뭐죠, '시간'이란 종목이???

간단한 거야.

'부자 레이스'는 돈에 여유를 가진 사람이 이기는 게임이잖아?

그럼 '시간 레이스'는 시간에 여유가 있는 사람이 이기는 셈이 돼.

사실 '시간'을 사치스럽게 사용하는 사람이 진정한 부자라고 할 수 있어.

진정한 부자?

그래, 60억 엔 자산을 소유한 회사 사장이 있다고 해보자.

그렇지만 그는 아침부터 회의, 점심에는 업무, 밤에는 접대.

그런 생활이 365일 계속 이어져 1분의 여유도 없지.

한편, 100만 엔 적금이 만기된 당신은 온천 여행을 갔어.

어느 쪽이 더 여유로워?

저죠.

자신의 시간이 단 1분도 없다면 60억 엔을 가진들 아무런 의미도 없으니까요.

그렇고말고. 막대한 '자산'을 가졌어도 자신이 사용할 수 있는 '시간'이 없다면 의미가 없지.

결국 '시간' 여유를 가진 사람의 승리야. 그것이 인생이란 레이스야.

진정한 부자란 시간을 사치스럽게 사용할 수 있는 사람을 두고 하는 말이야.

그렇다면 부자를 이길 수 있을 것 같아요! 거의 모든 부자가 시간에 쫓기며 살아가잖아요! 사장도 예능인도 늘 허둥대며 살아가는 것 같아요!

보는 눈이 없구먼, 빈털터리! 그건 TV에나 나오는 가짜 부자잖아?

진짜 부자는 돈도 시간도 여유롭다고!

당신은 잘 모르겠지만 고급 프랑스 요리는 전채 카르 파초를 시작으로 마지막에 차가 나올 때까지 두 시간 반이 걸려.

돈가스 도시락이라면 데워서 먹기까지 15분이면 되는데 말이야. 진짜 부자는 돈에 여유가 있을 뿐만 아니라 '시간'조차도 여유롭게 사용한다는 걸 알아둬.

짜증 나지 않아? '돈'이라는 불리한 종목에서는 이길 수 없지만, '시간'이라는 평등한 종목에서만큼은 이기고 싶지 않아? 금메달 따고 싶지 않아?

어떻게 하면 되나요, **코치님?**

그래서 이번 주 부자 코칭!

<u>오늘 하루 시계를 보지 않고 살아볼 것.</u>

네에?? 시계를 안 보다니, 그건 말도 안 돼요!!
아이 학원 시간은? 마트 할인 타임은? 드라마 방영 시간은? 힘들어요, 시계 없이는!

그럼 평일이 아니라도 좋아. 주말이라도 아무튼 하루 종일 시계를 보지 않는 날을 정하는 거야. 이건 다시 말해 진짜 부자와 똑같이 된다는 걸 뜻해.

잠깐 이미지를 떠올려봐.

일도 하지 않는 백만장자가 시계를 몇 번이나 볼 것 같아?

안 보겠죠. 대저택에 살면서 느긋하게 수영도 하고, 밥 먹을 시간이면 집사가 문을 두드릴 테니까. 그래, 진짜 부자는 시계를 볼 일이 없는 거야!

정확히 말하자면 진짜 부자란 '시간에 쫓기지 않는' 상태를 두고 하는 말이지.

'시간에 쫓기지 않는 사람'에서
'시간을 사용하는 사람'으로
나아가는 사람이 승리야.

서민은 늘 시간에 쫓기니까요. 전철, 회사, 학원, 야근. '시간을 사용하는 쪽'으로 바뀌는 날이 올까요. 이 게임에서는 이길 수 없을 것 같아….

어이, 불안해하면 져. 마음 놓고 떠올려봐. 돈과는 달리 이 게임은 불리한 게 없잖아? '시간'의 분배량은 오늘이나 내일이나 다 평등하게 24개씩이야. 그렇다면 지금 바로 누구든 시간을 사치스럽게 사용할 수 있다는 것. '돈'은 사치를 부릴 수 없지만, 시간이라면 얼마든지 사치가 가능해.

우선은 '사치'에 익숙해지도록.

할 수 있을 것 같은 기분이 드네요. 불안해지면 이 시합에서 불리한 사람은 없다는 원칙을 떠올리면 되니까요. 시간을 사치스럽게 쓰자!

바로 그거야! 시계를 보지 않는 하루를 만들어볼 것. 천천히 흐르는 '시간'에 대해 당신은 어느새 사용하는 사람으로 바뀌어 있을 거야.

시간은 사용하는 것. 사용되는 것이 아니다.

돈도 사용하는 것. 사용되는 것이 아니다.

시간의 사치에 길들여지면 돈에 대해서도 '사용하는 인간'으로 바뀌게 될 거야.

시계를 보지 않는 날을 만들자.

이번 주 한마디

시간을 사치스럽게 쓰는
사람이 이긴다!

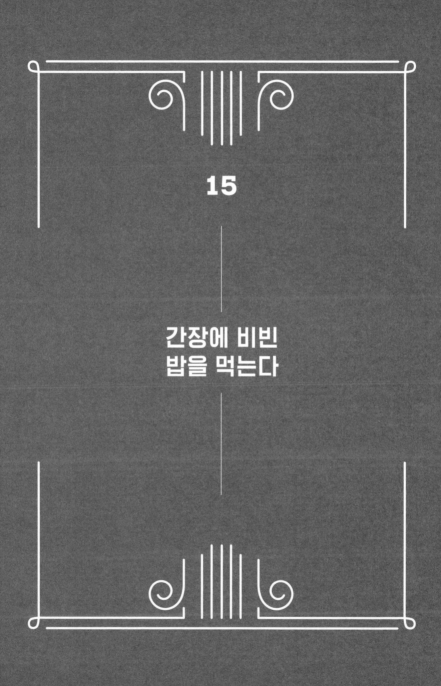

15

간장에 비빈
밥을 먹는다

이번 주
가난뱅이 상담

푸아그라에다 트러플을
뿌려서 먹고 싶어요

_도쿄에 사는 30대 A 씨

11월이 되어, 아침저녁으로 많이 쌀쌀해졌네요. 8월 어느 날, 땀에 흠뻑 젖은 채 길을 걸으며 빨리 겨울이 오라고 빌었는데, 정작 겨울이 오고 보니 정류장에서 달달 떨면서 '여름아, 빨리 와!' 하고….

인간이란 정말 제멋대로 구는 귀여운 동물입니다.

인간미 넘치는 대원에게서 오늘도 상담이 들어왔습니다.

> 태어날 때부터 먹는 걸 좋아했는데, 돈이 없어요. 부자가 되면 캐비어를 트러플 위에 뿌리고 푸아그라에 돌돌 말아 먹고 싶어요.

> 흐음…, 부자의 3대 진미라는 그거, 진짜로 부자들이 좋아할까? 난 오키나와 출신이지만 바다포도라는 해초를 먹어본 적이 없는데, 관광객들은 '오키나와는 바다포도'라고 하잖아.
> 어쩌다 그런 말이 나오게 되었을까? 마찬가지로 부자도 푸아그라 같은 거 먹지 않는 게 아닐까?

> 아니에요! TV에서 봤어요! 어떤 부자인 K 자매는 매

일 트러플을 먹더라고요.

엥? 그 K 자매 식사 장면이 매일 TV에 나와?

아뇨, 매일은 안 나와요. 예능 프로그램에서 대저택을 방문할 때만 나와요.

그럼 그렇지, 어떻게 '매일 트러플을 먹는다'는 말을 자신 있게 할 수 있겠어? (웃음)

그 부잣집을 매일 보는 건 아니잖아?

아마 우리가 생각하는 '부자상'은 우리 상상 속에만 있는 걸 거야.

그렇지만 먹고 싶은 걸 어떡해요. 트러플 푸아그라말이에 캐비어를 뿌려서.

그럼 여기서 이번 주 부자 코칭!

밥에다 간장하고 버터를 비벼 먹어!

네? 전 트러플이 먹고 싶다고요!

밥에다 간장을 비빈 건 어제도 먹었단 말이에요.

그런데 당신은 부자가 될 거지?

그럼요.

반드시 그렇게 될 거지?

반드시, 꼭 될 거라니까요!

이번 주 코칭은 말이야, '부자가 되면 절대로 할 수 없는 일을 지금 해두자'라는 의도에서 내린 거야. 부자가 밥에다 간장을 비벼 먹을까?

절대로 안 먹죠.

그렇겠지. 당신은 부자가 되면 매일 트러플을 먹어야 하니까. (웃음)

그건 다시 말해 당신 마음 깊은 곳에 '난 아직 부자가 될 수 없어'라는 생각이 있다고 할 수 있지.

그건 또 무슨 말이에요? 전 진심으로 부자가 되려고 하는데요!!

입으로만 '이탈리아 가보는 게 꿈이야'라고 말하는 사람은 아마 그날 저녁 파스타를 먹을 거야. 그런데 그 꿈이 이루어져 실제로 눈앞에 비행기 티켓이 놓여 있어. 그러면 내일은 미국에 가니까 일본에 있는 동안은 일식을 먹을 테지.

진심으로 믿지 않는다는 말이네요.

진짜로 가는 사람은 파스타를 먹을 리 없다는….

그와 똑같은 걸 당신한테 얘기한 거야.

당신은 스스로 부자가 될 거라고, 마음 깊은 곳에서는 아직 믿지 않아.

그러니까 트러플을 먹고 싶다고 하고, 간장 밥을 먹지 않겠다고 하는 거지.

내일 반드시 부자가 된다는 믿음이 있다면,

이를테면 갑자기 빌 게이츠랑 내일 결혼해서 부자 생활이 시작될 거라면, 과연 트러플을 먹고 싶어 할까? 밥에 간장 아닐까?

그야 밥에 간장이죠.

거봐. 상상력이 부족해.

결의도 부족하고.

말만으로는 현실을 바꿀 수 없어.

이건 실화인데, 내가 오키나와에서 만났던 무당 이야기를 해줄게.

어느 해, 오랫동안 비가 내리지 않아 걱정이 많았던 이에섬에서 농협이 무당에게 기우제를 의뢰했어. 그 제사 의식에 모인 농협 직원, 신문 기자, 농민들 가운데 누구 하나 우산을 가지고 온 사람은 없었어. 그렇지만 그 무당은 우산을 들고 온 거야.

비가 오리란 걸 믿었기 때문이지.

우와! 소름이 돋네요. 그래서 어떻게 되었는데요?

물론 비가 왔지. 신문에도 실렸다고 해. "마침내 비가 내렸다"라고.

그 무당이 이런 말을 했어.

"나의 조상님들이 내가 창피당하지 않게 하려고 힘을 쓴 거야. 정말 고마운 일이지"라고.

입으로만 믿어서는 안 돼. 이미 그리되었다는 확신을 갖고 행동해야 해.

억지로 그리 생각하는 것하고는 달라.

이미 그렇게 되리란 걸 아는 상태.

입으로만 말하지 말고, 억지로 그리 생각하는 것도 아니고, 내가 부자가 되리란 걸 아는 것처럼 행동하라.

마음 깊은 곳에서는 부자가 될 리 없다고 생각하니까 트러플 같은 걸 먹고 싶어 한다는 거로구나.

그렇고말고. 당신은 부자가 될 거지?

반드시, 꼭 그렇게 될 거야.

그것을 생생하게 믿을 때 당신은 지금과는 다른 행동을 할 거야.

'가난할 때 할 수 있는 걸 해두자, 난 곧 부자가 될 테니까.'

그리고 다음 주에 실제로 당신은 부자가 될 거야.

이탈리아에 가기 전 나리타 공항에서 파스타를 먹지 않듯, 당신은 간장에 밥을 비벼 먹고 싶어질 터.

그렇게 간장에 밥을 비벼 먹을 때 '이제 이것도 더는 먹을 수 없을 테지…' 하고 한숨을 내쉴 정도로, '부자가 된 미래'를 강렬하게 믿는 그대이기를.

트러플보다 간장에 비빈 밥을 먹고 싶어 하자.

이번 주 한마디

이탈리아행 비행기를 기다리는
공항에서 파스타를
먹진 않겠지?

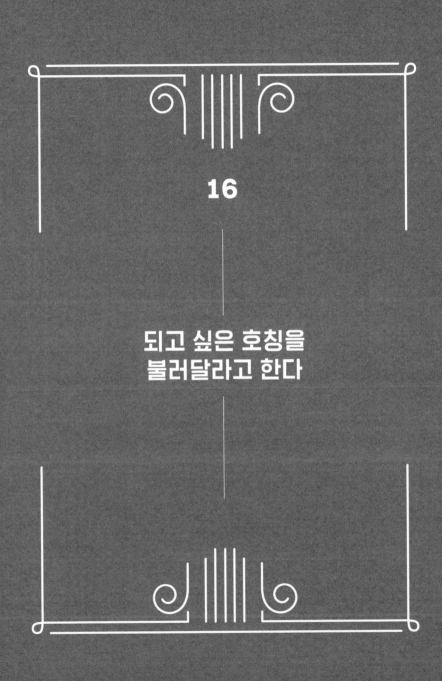

16

**되고 싶은 호칭을
불러달라고 한다**

이번 주
가난뱅이 상담

사실, 난 정말 대단한
사람이거든요

_가나가와에 사는 30대 R 씨

저는 지금 평범한 여사원이지만 사실 대단한 사람이거든요. 이렇게 대단한 내가 어쩌다 회사 같은 데 묻혀버렸어요. 대단한 존재니까 반드시 부자가 되어야 해요.

뜬금없이 '나 벗으면 대단해요'라니, 정말 곤란해. 나한테는 사랑하는 아내도 있고 자식도 있는데….

제가 언제 벗으면 대단하다고 했어요?!
대장은 제 타입이 아니라서 유혹 같은 거 할 생각도 없어요.

벗으면 대단하다고 말하는 사람이 있는데, 왜 그런 말을 하는가 하면 벗지 않으니까 그런 거야.

시험적으로 첫머리에 '벗지 않지만'을 넣어봐.

'벗지 않지만' 나, 벗으면 대단해요.

거봐, 애당초 자기한테 변명을 하고 있잖아.
정말로 대단한 사람은 이러쿵저러쿵 말할 필요 없이 그냥 스트립 극장에서 춤을 춘다고.

스트립쇼로 독립하고 싶다는 게 아니라 컨설턴트 직

종에서 독립하고 싶어요.

🧑 그럼 회사를 바로 그만두면 되잖아.

벗으면 대단하지?

그와 마찬가지로, 그만두면 대단하잖아?

하긴 당연하게 그 문장에도 '그만두지는 않지만'이 처음에 들어가 있는 거야.

'그만두지는 않지만', 난 독립하면 대단해질 거야.

👧 으으, 나 자신이 너무 초라해.

🧑 아냐, 전혀 그렇지 않아. 초라하다니, 누구든 겁이 나서 회사를 그만두지 못해.

이럴 때는 서서히 벗는 게 좋아.

👧 서서히 벗어요?

🧑 그렇고말고. 난 지난주에 카멜레온을 보러 동물원에 갔었어. 카멜레온은 주위 환경에 재빨리 녹아드는데, 왜 그럴까?

👧 주위랑 똑같이 색깔을 바꿔 자신을 보호하니까요.

🧑 정답! 그런데 사실은 인간도 그래. 카멜레온처럼 금방 바꿀 수는 없지만, 인간도 주위 환경에 맞추어가지. 무의식적으로 서서히 주위 색깔에 맞춰 변화해가는 거야.

👧 서서히 회사를 그만둔다는 게 무슨 뜻인가요?

서서히 회사를 그만두는 게 아니라 서서히 사장이 되어가는 거지.

인간의 뇌에는 '불리는 것'이 되려는 기능이 있다는 사실이 뇌과학에서 밝혀졌어. 어머니에게 늘 '착한 아이'라는 말을 들으면 **어느새 착한 아이가 되어버려.**

10만 번이나 불리는 사이에, 어느덧 착한 아이가 만들어지는 거지.

"못된 아이구나!" 이런 말을 자주 들으면 뇌는 '못된 아이'가 되려고 변화해.

몇 번이나 불렸던 것으로 카멜레온처럼 서서히 변화해가는 거야.

이런 뇌과학적 진리에 기초한 이번 주 부자 코칭!

남들이 당신을 "사장님!"이라 부르게 해보자.

 네? 뇌가 남이 말하는 대로 되려는 메커니즘은 알겠지만, 그렇다고 남한테 저를 '사장'이라 부르게 하는 건 못하겠어요.

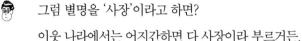 그럼 별명을 '사장'이라고 하면?

이웃 나라에서는 어지간하면 다 사장이라 부르거든.

 그런 말을 어떻게 해요! 절대 못해요.

 참, 부끄럼도 많이 타는군. 좋아, 어쩔 수 없지 뭐. 최후의 수단을 쓰자고. 아이를 내세워.

아이한테 "오늘부터 엄마를 사장이라 부르는 놀이를 하는 거야, 우리끼리" 하고 말하면 돼.

그 정도면 그럭저럭 될 것 같네요. 수업 참관일이 좀 걱정스럽긴 해도.

일주일 정도 '사장'이라 불리다 보면, 당신 뇌는 '사장'이 되려고 할 거야.

그러면 뇌가 사장이 되기 위한 단서를 주위에서 찾아내겠지.

반년 정도 지속하다 보면 당신 아이 외에도 모두가 당신을 사장이라 부르는 상황으로 바뀌어 있을지 몰라. 진짜 사장이 되어 있는 거지.

아이가 없는 사람은 외국인 술집에 매일 가면 돼.

'사장님, 어서 오세요'라고 불러줄 테니까.

그런 델 왜 가요!

주위 사람들에게 자신이 되고 싶은 호칭으로 불러달라고 하자.

이번 주 한마디

나, 벗으면 대단해요!
벗지는 않지만.

부자신문 10월

하이퍼 카미오칸데 사업비는 800억 엔!

"카미오칸데? 들어본 적이 있기는 한데, 그게 뭐더라?"

이런 사람들을 위해 설명을 해보 겠다. '카미오칸데'란 2002년에 노벨물리학상을 수상한 고바야시 마사도시 씨가 발안하여 만든 뉴트리노 관측 장치다. 간단히 말하자 면 '눈에 보이지 않는 것'을 보여주고 말 거야! 그런 집념으로 만든 대형 장치다. 그 후 개량된 '슈퍼 카미오칸데'로 나아간 관측 장치 는 이번에 '하이퍼 카미오칸데'로 이어졌다!

이렇게 설명해도 도무지 무슨 뜻 인지 모르겠다고?

카미오칸데 → 슈퍼 카미오칸데 → 하이퍼 카미오칸데.

전투 게임 영웅을 본뜬 어린이용 장난감 같잖아!? '거대 로봇의 이름입 니다, 합체하면 힘이 더 세집니다'라 고 말해도 의심하지 않을 것이다.

그런 슈퍼 거대 로봇 '하이퍼 카미 오칸데'의 총 사업비는 800억 엔.

당신이 모르는 곳에, 온갖 '돈 사용법'이 있다

당신이 전혀 모르는 곳에서 800억 엔이나 되는 돈이 움직였다. 그것도 도무지 알 수 없는 사용처에. 이것이 이번 부자 뉴스의 주요 포인트다.

'세상에는 아무래도 돈이 아주 풍요롭게 돌아가고 있는 듯해'라고 한번 생각해보자.

우리는 돈의 양에는 한계가 있다고 생각한다. 그 사고는 최종적으로 '그러니까 나한테는 잘 돌아오지 않을 거야' 라는 가난뱅이 마인드로 이어진다.

그렇지만 있다. 세상에는 전투 게임 명칭처럼 보이는 거대 로봇을 세 개나 만들어낼 수 있는 돈이. '뉴트리노의 질량을 밝히기 위해서'라는, 당신에게는 아무래도 좋을 그런 일에조차도 800억 엔이나 투입되는 것이다.

이렇게 관심도 없는 일에 800억 엔을 사용할 정도로 풍족한 세계에 살고 있으니까 언젠가는 당신에게도 그런 돈이 흘러 들어올 것이다.

17

호화 여행을 떠난다

이번 주
가난뱅이 상담

통장을 깰 용기가 없어요

_가가와에 사는 50대 H 씨

저는 낮에는 회사원, 밤에는 아르바이트, 두 가지 일을 병행하고 있어요.

돈은 좀 되지만, 회사에서 쫓겨나면 다시 취직할 수 있을까 늘 걱정하며 살아요.

그런 걸 전형적인 **가난뱅이바보증후군**이라고 하지.

가난뱅이는 그렇다 치고 바보라니, 당신 미쳤어요?

사실이 그러니까 그렇다고 하는 거야.

돈을 모으는 동안 시간이 없어진다는 걸 깨닫지 못하고 있어.

지난번에도 말했잖아! 돈은 써야 돈이라고. 애당초 쓰지도 않을 거면서 모으기는 왜 모으는데?

아니, 나중에 쓸 거라니까요.

언제? 밤이고 낮이고 일만 하는데 언제 써? 아침에?

잘 새겨들어. 20년 후에 마침내 3,000만 엔을 모으고 두 가지 일을 그만두었다고 해.

그렇지만 '이제부터 쓸 거야!' 하고 선언한 그다음 날, 당신이 죽을 가능성은 아주 크지.

사람은 그리 간단히 죽지 않아요.

람보 보면 알잖아요.

아니, 죽지 않으면 치매에 걸릴지도 몰라.

사지가 마비될지도 모르고, 암에 걸려 투병 중일지도.

링거를 맞으면서 3,000만 엔이나 되는 돈을 어디에 쓸 거야?

사지도 못 움직이는데 동남아 여행을 갈 수 있겠어?

치매에 걸려서 해외여행 갔다 와봐야 돌아오자마자 다 잊어버릴 건데 즐겁겠어?

정말로 당신에게는 전형적인 가난뱅이바보증후군이 있는 거야.

돈은 모으기 위한 게 아니라 쓰기 위한 거라니까.

그럼, 어떡하란 말이에요?

조금 모아둔 것도 있고 해서 내일 당장 일을 그만둬도 3년 정도는 살 수 있어요.

그렇지만 3년 후에 일자리가 없으면 어떡해요?

3년 후의 일은, 3년 후에 생각하면 되지 않을까?

그렇게 닥치는 대로 그냥그냥 사는 거 싫어요!

제대로 계획을 세워 돈을 모으고, 그다음 계획을….

그러니까 그렇게 계획을 세우는 동안 죽는다니까.

어떤 타이밍에 계획을 실행으로 옮겨?

어떤 타이밍에 '모으기'에서 '쓰기'로 바꾸는데?

당신 마음속에서 '모으는 기간'을 끝내고 '쓰는 기간'으로 바뀌는 건 언제지?

아, 그러니까 대충 30년 후쯤 될까요?

그러니까 그즈음에는 **해외여행 갔다가 돌아와서 여행 간 사실도 다 잊어버린다니까!**

가지 마! 그 나이에 해외여행이라니.

아, 좋았어. 내일 가, 내일! 해외여행의 추억을 고스란히 간직할 수 있을 만큼 정신이 또렷한 내일, 해외여행을 떠나는 거야!

내일은 안 돼요. 여권 신청하고 뭐하고 하면 3주는 있어야 해요.

어이쿠!!!

이번 주 부자 코칭!

다음 달, 해외여행을 가라.

이번 코칭은 '가자'가 아니라 '가라!'야.

명령형 어미를 붙여서 '가라'라고.

그렇지만….

그렇지만, 그래도, 그러나.

그런 말을 하는 사이에 죽어버린다니까!

당신 안에 숨은 용기를 찾아내서 "쓴다!"라고 선언하지 않으면, **돈을 모으기 위해 태어난 인생이 되어버려.**

당신 돈이니까 당신이 써야 해.

냉정하게 생각해봐.

당신도 언젠가는 죽어.

모으는 게 중요한 일일지는 모르지만, 쓰는 것이 더 중요해.

'그렇지만'이라고 말하려는 그 사고를 끊어버리기 위해서라도 다음 달 해외여행을 떠나!

여권 만들러 가겠습니다.

살아 있는 동안 쓰도록 할게요.

다음 달에
호화 여행을 떠나라!

일본의 저축률이 세계 최고인 이유는, 계획만 세우고 그 계획을 실행하지 않은 채 죽어가는 노인이 너무 많기 때문입니다.

'돈을 모아 언젠가는…'

그런 생각을 간직한 채, 저금만 남기고 죽어간 수많은 사람의 한을 풀어주는 의미에서도, 빈 지갑 그대로 여행을 가버리는 겁니다, 해외로!

물론 외국이 아니어도 괜찮습니다.

그냥 최고급으로 예약하고 지방으로 여행을 한번 가보는 겁니다.

이 코칭의 포인트는 '생각의 변명을 끊어버리는 것'이니까, 계획 없이 가버립니다.

아, 이렇게 하면 되겠네요.

'어디'를 정하지 말고 여행사로 가세요.

'예산 20만 엔짜리 상품을 추천해주세요!'라고 말할 정도의 각오로.

'돈이 모이면 언젠가는 가리라.'

그런 생각을 한다면, 아마 언제까지고 못 갈 겁니다.

'언젠가'는 영원히 오지 않을 테니까요.

당신이 어서 빨리 '모으는 쪽'에서 '쓰는 쪽'으로 돌아서길 기대
합니다.

이번 주 한마디

이대로 가다가는
계획만 하다
죽어버린다니까!

18

부자 선언을 한다

**이번 주
가난뱅이 상담**

그냥 부자가 아니라
백만장자가 되고 싶어요

_군마에 사는 40대 W 씨

다른 상담자들은 현실적으로 고만고만해서 어떻게 하면 돈을 벌 수 있을까 고민하는 것 같은데, 전 돈은 어느 정도 있거든요.

그런데 더 많이 갖고 싶어요.

영원히 부자이고 싶거든요.

우와, 우선 그대의 용기에 박수!

당신은 이미 "난 부자다"라고 말했어.

이거 정말 하기 힘든 말인데 말이지.

"난 부자다"라고 말하면 주위에서 질타를 당할지도 모른다고 조심스러워하는 사람이 많은 이 현대 사회에서 "난 이미 부자다"라고 당당하게 말하는 그 자세.

우와. W 대원의 용기에 박수를!!

짝짝짝.

그럼, 이 지점에서 당신의 고민.

'더 부자가 되고 싶다'.

바로 지금이야말로 부자 대원 모두가 일치단결할 때.

모두 목소리를 모아, 시~작.

까불지 마! 이미 부자인데 뭐가 문제야!!

왜 미래까지 걱정하고 그래!

난 말이야, 단 한 번도 부자였던 적이 없어!!

그 돈으로 만족하고 살아!!

후우, 속이 다 시원하네.

그럼 다음 주에 봐.

아니, 애써 용기를 내서 고민을 털어놨는데, 이렇게 배신할 거예요?

농담이야, 농담. 벼락부자가 아니라 벼락농담.

당신은 "난 부자다"라고 솔직하게 고백했어.

이건 아주 중요한 일이야.

그거야말로 '부자'의 필수조건이니까.

그게 무슨 뜻이죠?

사실 '부자'와 '가난뱅이'를 정하는 건 예금 잔고도 아니고 고급차의 보유 대수도 아닌, 자기 자신이니까.

100억 엔을 갖고 있어도 본인이 '난 부자가 아니야, 아직 부족해'라고 생각하면 부자가 아니잖아?

말도 안 돼!

100억 엔이나 가지고 있으면서 본인이 아니라고 한들 부자가 아닌가요?

아니, 아니야.

아마 본인 머릿속에는 앞으로 200억 엔을 모으면 사야 할 것이 있을 테고, 100억 엔 통장 잔고를 바라보면서 '아직 부족해'라며 한탄하고 있을 거야. 살 수 없는 것이 있으니까 본인은 스스로를 부자가 아니라고 생각하는 거지.

그건 좀 심한 이야기네요. 100억 엔이나 갖고 있으면서 부자가 아니라고 하다니.

심한 이야기가 아니야, 이건 아주 멋진 이야기지.

반대의 경우를 생각해봐. 우리는 10만 엔밖에 없으면서도 '난 부자다'라고 생각할 수 있으니까.

그러니까 10만 엔 가지고 부자라고 생각할 리 없다는 거예요.

그러니까 같은 논리가 아니냐는 거지.

문제는 본인의 사고방식이야.

'금액'이 아니라, **본인이 '충분하다'라고 생각하느냐, '모자란다'라고 생각하느냐, 그것뿐이야. 더 갖고 싶다고 생각하는 사람을 가난뱅이라고 하고, 이제 충분하다고 생각하는 사람을 부자라고 해.**

그러니까 저금액하고는 상관없어.

그렇지만 100억 엔을 가진 사람이 과연 본인이 아무리 스스로를 가난뱅이라 생각한다 하더라도, 주위 사람들은 부자라고 부르지 않을까요?

주위 사람하고는 아무 관계가 없다니까.

주위 사람이 모두 반대한다면 연애도 못 할까?

못 하지는 않겠죠.

저도 주위 사람들의 반대를 뿌리치고 결혼한걸요.

연애랑 마찬가지야. 다른 사람들이 아무리 '가난뱅이'라 한들, 나 스스로 부자라고 생각하면 그만인 거니까.

어린아이는 만 엔만 있어도 자신을 부자라고 생각해.

그러나 10만 엔 가진 사람을 두고 당신은 그를 부자라고 하지 않을 거야.

금액하고는 아무 상관이 없어.

본인이 더 많이 갖고 싶어 하면 가난뱅이가 되고, 이걸로 충분하다고 생각하면 부자가 되지.

초등학생 시절을 생각해보면 맞는 말인 것 같아요.

돈의 액수가 아니라 그 마음이 부자인가 아닌가를 결정한다는 거네요.

그래서 이번 주 부자 코칭!

"나는 이미 부자다"라고 다섯 사람에게 선언할 것.

네? 친구들에게 선언하라고요?

주위 사람과는 아무 관계가 없다고 아까 말했잖아요!

자기 스스로 부자라고 생각하면 그만 아닌가요?

안 돼.

입으로만 "난 충분해! 그래서 난 부자야!"라고 한들,

사실은 '더 갖고 싶어'라고 생각할 테니까.

그래서 주위 사람들의 힘을 빌리는 거야.

우선 한 사람에게 "난 부자야"라고 선언해.

그러면 마음 한구석이 겸연쩍어할 거야.

두 번째 사람에게 "난 부자야"라고 선언해.

그 단계에서도 아직 '난 거짓말을 하고 있어'라고 생각하지.

세 번째 사람에게 "난 부자야"라고 말할 즈음부터 당신의 뇌는 착각하기 시작해.

'혹시 난 정말로 부자가 아닐까?'라고.

그러다 보면 어느새 '난 이걸로 충분해'라는 걸 느끼게 돼.

아무튼 생각하기 전에 다섯 사람에게 "난 부자야"라고 선언해보라고.

이번 주 한마디

더 갖고 싶어 하는 사람을
가난뱅이라고 하고,
이걸로 충분하다고 생각하는
사람을 부자라고 한다.

19

돈을 차갑게 대한다

돈과 사랑에 빠졌어요

_나가노에 사는 20대 T 씨

그로부터 8주간, 회의실에서 편집부에 날아온 '돈 고민'을 체크하는 미쓰로 대장.

사연들은 대체로 다음과 같은 내용이다.

'돈이 필요해' '어떻게 하면 더 많은 돈을 가질 수 있을까' '유산이라도 있었으면'….

여전히 다들 돈, 돈, 돈, 돈….

세상이 썩은 거 아닌가!

아니, 세상이 썩었다기보다는 여기서 '돈에 관련된 고민 상담'을 한다고 하니까, 다들 돈에 관해 하소연하는 거죠.

나라면 말이야, '돈에 관련된 고민 상담'이라는 코너라고는 해도 세계 평화를 위한 제언을 써서 보낼 거야.

누구한테 잘 보이고 싶어서 그런 거짓말을 해요?

거짓말 아냐!!!

수많은 사연을 보고, 한 가지 사실을 깨달았어!

모든 사람이 돈과 연애를 하고 있다는 걸!!

그것도 짝사랑을!!

맞아요. 짝사랑이 괴로우니까 서로 사랑하는 방법을 대장한테 배우려 하는 거 아닌가요?

돈에게 사랑받는 방법을.

그래!

그래서 이번 주 부자 코칭!

일주일간, 돈을 차갑게 대해보자.

돈을 차갑게 대한다는 건?

돈을 무시하는 거지.

내가 좋아하는 것 같으니까 놈이 거들먹거리는 거야.

연애니 사랑이니 하는 것도 그렇잖아?

먼저 좋아하는 쪽이 지는 거야!

연애라는 게 지고 이기고 하는 건 아니잖아요.

하긴 먼저 좋아하는 쪽이 약할 수밖에 없긴 해요.

그렇고말고! 그러니까 놈이 거들먹거린다니까!

생각나? 스테파니?

내가 언제까지고 널 좋아하리라고 생각하는 건 착각이야!

누군데요, 스테파니라는 사람이?

아, 그만 개인적인 이야기를 하고 말았네.

그럼 이미지를 한번 떠올려봐.

'미스터 돈'이란 사내가 있었어.

도무지 감정 이입이 안 되는 이름이네요.

미스터 돈, 미스터 돈….

그 미스터 돈이 '난 모든 사람에게 사랑받는 존재야'
라고 착각한다고 해봐.

돈이라면 당연히 인기 있겠죠.

그래요, 이미지를 떠올려봤어요.

그러던 어느 날, 그 미스터 돈의 눈앞에 전국의 부자
대원들이 떼거지로 밀려들어.

그런데 무슨 영문인지 그 여자들이 나한테는 눈길조
차 주지 않아. 이상해. 누구든 나를 좋아하는 게 당연
한데….

왜지?

좋아, 그렇다면 내가 말을 걸어보지 뭐!

이렇게 하여 돈이 나를 사랑하게 되는 거지.

연애라면 그런 상황이 가능할지 몰라도, 상대는 돈이
잖아요? 의지라는 게 없는 존재예요.

자기 반의 아이돌도 아닐 텐데, 인기 없다고 불평할
수는 없는 거 아닌가요?

그렇다면 돈의 시점에서가 아니라 우리 쪽 시선으로
보자고.

당신은 아이돌 같은 '미스터 돈'에 대해 무의식적으로 '어차피 쟤는 그림의 떡'이라 생각하며 바라봐.

이게 당신 시점이지?

그래요. 의지를 가진 인간의 시점이에요.

그런 '그림의 떡'으로 보이는 돈에 대해 철저하게 차가운 태도로 대하다 보면, '먹을 수 있는 떡'으로 보이기 시작해.

아, 그거 그럴듯하네요.

그러면 당신 무의식 속에서 돈에 대한 관념이 바뀌어 '먹을 수 있는 떡'이라는 인식이 일어나고, 결국에는 현실에서 '돈'이 손에 들어오는 상태가 되는 거야.

당신 의식 속에서 돈을 아주 대단한 존재로 생각하다 보니, 당신 의식 속에서 돈이 거들먹거리는 것일 뿐이야!

의식 속에서 돈에 대해 무지 차가운 태도를 가진다면 장벽이 낮아지는 거야.

그러니까 이번 주부터 일주일 동안 돈에 대해 차가운 태도를 취해봐.

말이야 쉽지, 돈을 무시한다는 거, 대체 어떻게 하면 된다는 거죠?

간단하잖아!

돈이냐, 아니면 다른 것이냐를 선택해야 할 상황에서 무조건 돈이 아닌 걸 선택하는 거야.

그렇구나!

'황금'이냐 '돌'이냐를 선택해야 할 순간에 무조건 돌을 선택하는 행위야말로 돈을 차갑게 대하는 태도가 되는 거네요.

간단하네요, 돈이냐 다른 것이냐를 선택하는 순간에 무조건 돈이 아닌 것을 선택하면….

이를테면 친구 생일 선물을 사는 날.

손수 만들 것인가 구입할 것인가, 이럴 때도 무조건 직접 만드는 쪽을 선택하는 거야.

그게 돈이 안 드는 쪽이니까.

정말 간단하네요.

다시 예를 들자면, 저금이란 돈을 소중하게 여기는 행위잖아!

안 돼, 그딴 거. '돈'을 대단한 놈으로 만들어줘서는 안 된다고!

돈을 모으느냐, 쓰느냐 선택하는 순간에 무조건 써버리는 거야!

왜냐하면 돈을 무시해야 하니까.

나아가 야근을 하면 돈을 더 주겠다고 하는 상황이

라면,

'돈'이냐 '가족'이냐를 선택해야 하는 경우니까 돈이 아닌 쪽을 선택할 것. 돈을 무시하는 거지.

좋았어! 철저하게 돈을 무시하는 거야!

제가 다니는 직장에서도 좋은 예가 있어요!

거래처에 가서 머리를 조아리는 건 '이 거래처가 없어지면 돈을 못 번다'는 생각 때문이니까, 절대로 머리를 조아리지 말고 그냥 다른 거래처를 만들겠어요.

이 경우도 '돈'이냐 '돈 아닌 것'이냐를 선택하는 순간이니까 거래처에도 절대로 머리를 조아리지 않을 거예요!

철저하게 돈을 무시해버릴 거야!

그렇지. 이제 요령을 깨달았으면, **여태까지 자신의 선택이 늘 '돈'을 대단한 걸로 받들어 모셨다는 사실을 알게 돼.**

돈 때문에 자존심을 버렸을 거야.

돈 때문에 가족마저 희생했을 거야.

돈 때문에 자신만의 시간을 갖지 못했을 거야.

이제부터는 거들먹거리는 그 자식에게 쓴맛을 보여줘야 해!

이 자식, 까불지 마!!!

일주일 동안 '돈'을
차갑게 대하면서
돈 이외의 것을 선택하자.

이번 주 한마디

돈에게 잘해주면
안 돼!!

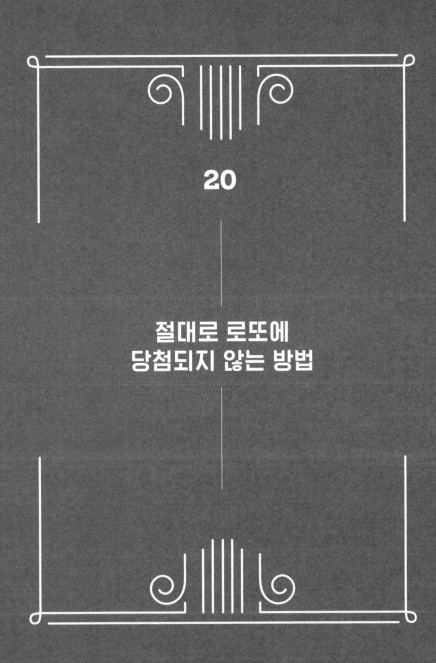

20

절대로 로또에
당첨되지 않는 방법

이번 주
가난뱅이 상담

로또에 당첨되는 법을
가르쳐주세요

_시즈오카에 사는 30대 G 씨

어느새 올해도 저물어가네요…. 대장, 로또에 당첨되는 법 좀 가르쳐주세요.

내가 무슨 점쟁이냐!! 깊은 산 족집게 도사한테 가서 물어봐.

물가에 가지 말라든지 빨간 옷 입지 말라든지 그런 걸 가르쳐줄 거야.

역시 미쓰로 대장한테는 무리였네요.

뭐라고? 이거 열 받네.

감히 천하의 대장을 바보 취급하다니!

그렇다면 로또 당첨되는 것보다 더 대단한 걸 아는데, 들어볼 테야?

뭔데요? 빨리 가르쳐주세요!

로또에 당첨되지 않는 방법.

뭐, 바보 아니에요?

'로또에 당첨되지 않는 방법'이라니, 그런 거 누가 듣고 싶어 할 것 같아요?

뭐, 알고 싶지 않다고?

결코, 절대로 로또에 당첨되지 않는 방법이 있는데?
이 방법을 실행하면 무슨 일이 있어도 로또에 당첨되는 일은 없어.
그런 마법 같은 비장의 기술이 있단 말이야.

그거 진심으로 하는 말이에요, 대장?
어, 눈길을 보니 진짜네. 드디어 미쳤네, 미쳤어.
그럼, 대장의 마지막 가는 길을 지켜보는 마음으로
한번 들어볼게요.
'절대로 로또에 당첨되지 않는 방법'이라….

잘 들어. 절대로 로또에 당첨되지 않는 방법.
그건….

로또를 사지 않는 것이다!

뭐라고요, 말도 안 돼!
도대체 무슨 말을 하는 거죠?
어라? 듣고 보니 맞는 말이에요. 그 방법이면 절대로
당첨될 수 없겠어요.

그럼. 그 방법이라면 절대로 로또에 당첨될 수 없지.
그리고 거기서부터 역설적으로 생각해보는 거야.
'로또를 사는 당신'은 '절대로 당첨되지 않는 방법'에
해당되지 않아.
그게 뭘 뜻하는지 알아?

그거 말하기가 좀 그렇네.

먼저 '로또에 당첨되지 않는 방법'에 대한 비법이 있는데, 그건 '로또를 사지 않는 것'.

그렇지만 우린 그걸 사. 그렇다면….

그대는 로또에 '절대로 당첨되지 않는' 방법에는 적용되지 않는다는 거야.

다시 말해 그대들은 로또에 당첨될 가능성이 있다는 거지.

오, 대단해. 뭔지 모르지만 대단해.

역설적인 사고법, 대단하네요!!

이야기를 듣다 보니 로또를 사기만 하면 당첨될 듯한 기분이 들어요!! 아까까지는 '로또 같은 거 사봐야 어차피 되지도 않을 거야'라고 생각했었는데, 대장이 제시하는 '절대로 로또에 당첨되지 않는 방법'을 역설적으로 생각하다 보니, 왠지 사기만 하면 당첨될 것 같은 기분이 들었어요!

그렇지.

내가 다른 책에서도 자주 언급하는 주제인데, **눈앞의 현실은 100% 그 사람의 착각이 만들어내는 것이다.**

이건 양자역학 분야에서 증명된 사실이야. 그렇다면 기왕 살 바에는 '당첨된다'라고 믿고 사야지.

일단은 매번 "당첨!"을 외치며 사라는 거죠?

"당첨!"이라 외치며 산다는 건 무얼 의미할까?

'당첨되기 어렵다'는 믿음을 이미 가지고 있기 때문이잖아?

수도꼭지를 돌리며 "물아, 나와라!"라고 외치지 않잖아? 100% 나오기 때문에.

다시 한번 묻지.

사람들은 왜 '당첨되어라!' 하고 속으로 외칠까?

정말 그렇네!

이미 안 된다는 걸 알기 때문이야.

그래서 '당첨되어라!' 하고 바라며 사는 거야.

걱정하지 마. 그대뿐만 아니라 다들 그런 속임수에 속으며 사는 거니까. 안 된다는 걸 이미 알고 있으니까 속으로 당첨되길 바라는 거야.

그런 착각이 현실을 만들어낸다는 사실이 증명된 21세기의 이 세상에서 **'당첨되어라!(당첨될 리 없어!!)'라고 바라며 사는 로또에 무슨 의미가 있을까?**

번개처럼 깨달음이 찾아왔어요.

의식의 깊은 곳에서 '당첨되지 않는다'라고 생각하기 때문에 풍수지리설이니 주술이니 염력이니, 그런 것에 의지하는 거네요.

그렇고말고.

그럼 여기서 이번 주 부자 코칭!

"나는 로또에 절대로 당첨되지 않는 방법을 알고 있어!"라고 말하면서 로또를 사보자.

역설적 사고가 작용하니까 산다는 것은 '당첨될 거야'라는 바람을 가지게 된다는 걸 말해.

그건 '절대로 당첨되지 않는 방법'에 맞지 않는 거니까 적어도 가능성은 높아진다고!

이번 주 **부자 코칭**

"나는 로또에 절대로 당첨되지 않는 방법을 알아!!"라고 말하면서 로또를 산다.

이번 주 한마디

왜 '당첨되어라!' 하고
바라는 걸까?

(당첨되지 않을 거라 믿기 때문에!)

부 자 신 문 11월

아내의 비자금 126만 엔,
남편의 약 두 배 금액

메이지야스다생명보험이 11월에 발표한 조사에 따르면, 아내의 비자금은 남편의 약 두 배나 된다고 한다. 아내의 평균 금액은 전년도에 비해 약 39만 엔 줄어든 126만 8,446엔. 그에 비해 남편의 비자금은 58만 9,058엔. 전년도에 비해 2만 엔 늘어나기는 했으나 부부간 비자금 격차는 매우 크다.

무엇보다 이런 부자 뉴스를 접하고, 일급비밀이어야 할 '비자금' 액수를 이렇게도 많은 사람이 드러냈다는 사실이 기쁘다. 다만 그걸 드러내야 할 상대가 틀렸다.

이미 앞서 지적했듯이, 비자금의 존재를 가장 먼저 밝혀야 할 상대는 배우자다. 조사에 따르면 60만 엔 정도밖에 없는 남편이 120만 엔이나 가진 부인을 '부러워하는' 구도가 드러나는데, 서로의 비자금을 다 드러내면 180만 엔이 되는 셈이다. 부자 대장인 나의 경우는, 아내도 나도 감추어둔 돈은 없다.

마타요시 《불꽃》의 추정 인세는 약 2억 8,000만 엔

오리콘 2015년 '책' 랭킹이 발표되었는데, 제153회 아쿠타가와상을 수상한 마타요시 나오키의 《불꽃》이 당당히 1위를 차지했다. 판매 부수가 223만 부를 돌파하여 2위와 격차를 크게 벌렸다. 정가 1,200엔 책이 223만 부 팔렸으니 총 매출액은 26억 7,600만 엔! 책이 안 팔리는 지금 시대에서 거의 기적에 가까운 수치다. 어떤 스포츠신문 기사에 따르면 마타요시 씨의 인세는 단순 계산으로 약 2억 8,000만 엔…. 어이, 부자 대원 여러분! 이 책 《서른여섯 번의 부자 수업》이 100만 부 팔리면 대장 미쓰로는 1억 엔을 받는 거야!! 정신 똑바로 차리고 들어!! 친구, 가족, 친척들에게 마구마구 뿌려!!

덧붙이는데, 여기서 친구란 얼굴만 아는 사람을 모두 포함해서야! 가족이란 같은 아파트 단지에 사는 모든 사람! 친척은 8촌 이상까지!

뿌리고, 뿌리고, 또 뿌려!!!

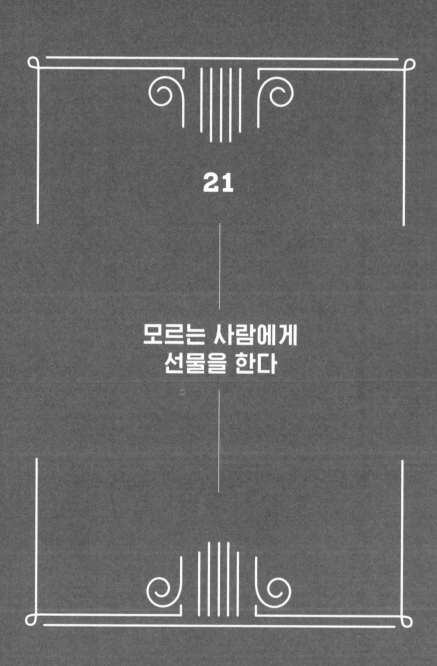

21

모르는 사람에게
선물을 한다

이번 주
가난뱅이 상담

크리스마스 때
돈이 필요해요

_후쿠오카에 사는 40대 M 씨

이제 곧 크리스마스인데, 남친이 없어요.

이렇게 불행한 제게 산타 할아버지가 돈이라도 선물해주면 좋겠는데…. 매일 밤하늘만 바라본답니다.

어, 어어… 그, 그러세요.

산타 할아버지한테 돈을 바라다니, 이건 거의 말기 증상이 아닐까?

자루를 짊어지고 꿈나라에서 우리를 찾아오는 그 산타 할아버지 맞지?

돈이 가득한 자루를 짊어지고 낑낑대는 할아버지라니, 그냥 도둑이잖아, 그거.

거리를 걸어가면 모두가 커플이에요.

그러니 난 돈이라도.

아, 눈 말고 돈이 내렸으면.

위를 바라보고 걸어라♪라는 노래처럼 별하늘을 올려다보는 여기 가련한 그대를 위해 한마디만.

산타가 오지 않더라도 스스로 산타가 될 수는 있잖아.

무슨 의미죠?

그냥 있어도 불행하기만 한 제게 산타가 되라니요?

누군가를 도울 만큼 전 행복하지 않아요.

앞에서도 말했듯이, 먼저 내주면 반드시 들어온다니까. 이건 에너지의 법칙이야.

이 우주에는 '무'라는 장소가 없으니까.

어떤 장소도 제로가 될 수 없지.

이게 뭘 의미할까?

여기서 진공이란 걸 한번 상상해볼까?

진공이라면 공기 없는 장소를 말하는 거죠?

과학 시간에 배운 대로 진공 상태를 만들려면 억지로 공기를 펌프로 뽑아내야 하는 거 맞죠?

보온병 같은 것처럼.

보온병은 강철로 만드니까 견고하지.

예를 들어, 유리컵을 억지로 '진공 상태'로 만든다고 생각해봐. 어떻게 될 것 같아?

아마도 압력 때문에 컵이 깨지겠죠.

빙고!

공기가 없는 공간을 향해 주변 공기가 있는 힘을 다해 흘러 들어가니까 깨지는 거잖아?

아무것도 없는 장소를 향해 뭔가가 주위에서 있는 힘껏 밀려 들어와.

전 우주가 '무'라는 공간을 절대로 허락하지 않으니까.
그게 우주의 법칙이야.

그러니까 당신이 먼저 내밀면 주위에서 새로운 에너
지가 밀려들어와. 제로 상태를 채우기 위해.

정말 그렇네요. 먼저 내밀면 나중에 들어온다.

내가 먼저 누군가에게 선물을 하면 내 앞으로 뭔가가
흘러 들어온다.

유리, 진공, 컵…, 정말 알기 쉬워요.

그렇지만 대장, 제가 남친 없다고 한 말 들었죠?

수염을 달고 산타가 되어본들, 줄 상대가 없어요.

그건 그냥 코스프레 좋아하는 아주머니잖아요.

그러니까 그게 기회라는 거야.

남친이 없지?

이런 기회 좀처럼 없어.

이 타이밍에 우연히도 남친이 없다니!!

인류의 반 이상이 남자인데 남친이 없어!!

지금 이 기회를 살려야지!

야, 이 자식아, 날 바보로 보지 마.

바보 취급하는 게 아냐!

**남친이 없는 당신이야말로 불특정 다수의 사람에게
사랑을 나누어줄 수 있으니까.**

"단 한 사람만 사랑해야 하노라" 하고 목사 앞에서 맹세한 저 불행한 커플들을 보라!!

불쌍해! 그들은 오로지 한 사람밖에 사랑할 수 없어. 사랑은…, 사랑이란 말이야!!

오로지 한 사람에게만 던져버리고 끝날 만큼 작은 것이 아니야!!

수많은 사람에게 나누어주고 또 나누어주어도 남을 만큼 커다란 것이 아닐까?

어라, 왜 갑자기 시인이 되고 그래요? **기분 나쁘게.**

그래도 뭐, 알 것 같긴 해요.

오로지 한 남자에게만 선물을 주어야만 한다는 규칙에 사로잡힌 여자들이 불쌍해 보이네요.

과연 대장은 달라요. 한순간에 제 관점을 바꾸어버리다니.

전 지금 아주 긍정적인 환경에 놓인 것 같네요.

많은 사람에게 사랑을 나누어줄 수 있는 입장이니까.

좋아, 일단 가까이 사는 조카들에게 줄 선물을 사러 갈게요.

왜 갑자기 친척을 챙기고 그래??

그런 건 안 돼.

생판 모르는 남한테 선물해야 하는 거야.

그러면 당신 내면의 관점이 바꿔어.

'생판 모르는 사람에게 선물을 한다'는 행위를 통해,

'생판 모르는 사람에게 갑자기 선물을 받을 가능성이

있다'라는 믿음을 갖게 될 테니까.

아, 그렇네요. 믿는 자가 받을 수 있을 테니까요.

바로 그거야!

'가족한테만 선물'하는 사람일 때,

당신은 이런 믿음을 가졌더랬어.

'선물'이라는 것은 가족에게 받는 것이라고.

스스로 그렇게 정의를 내리고 있었으니, 가족에게만

선물을 받았던 거야.

그런데 생판 모르는 사람에게 선물을 하기만 해도,

'어디 사는 누군지도 모를 사람한테 선물 받을 가능

성이 있을지도'라는 믿음을 갖게 될 거야.

바로 당신 자신이 그렇게 하고 있으니까.

그렇구나. 자신이 하는 일이니까 다른 누군가도 하고

있을지 모른다는 믿음을 갖기 쉽다는 거네요.

'남한테 선물을 받으려면' 먼저 자신이 '남에게 선물

해야 한다!'

이제야 어떤 고정관념을 갖고 있었는지 깨달았군.

그거, 당신이 처음에 밤하늘을 올려다본 이유야.

'생각지도 않았던 곳에서 돈이 들어올 가능성'을 믿고, 밤하늘을 올려다보고 있었지?

그대 자신이 산타가 되어야 비로소 거기에 이를 수 있는 거야.

그래서 이번 주 부자 코칭!

생판 모르는 열 명에게 크리스마스 선물을 보내보자.

변장하고 거리로 나가 나누어줘도 좋고,

부모 없는 아이들의 시설을 찾아가도 좋아.

당신의 아이디어를 한껏 발휘하여,

생판 모르는 열 명에게 크리스마스 선물을 주도록 해봐.

이번 주 **부자 코칭**

생판 모르는 열 명에게
선물을 해보자.

이번 주 한마디

아무것도 없는 장소를 향해
뭔가가 주위에서 있는 힘껏
밀려 들어온다.

22

**동료들과 미친 듯이
놀아본다**

이번 주
가난뱅이 상담

돈을 왕창 쓰는 방법을
가르쳐주세요

_도쿠시마에 사는 20대 F 씨

대장, 이제 곧 새해예요. 연말이기도 하니까 돈을 왕창 써버리고 싶어요. 어디에 쓰면 운이 트일까요?

물론 돈을 왕창 써버리면 당신 품으로 돈이 또 왕창 들어올 거야. 지난주에 설명한 대로, 돌고 도는 게 돈이라고 하잖아.

지금 상담하는 내용이, 돈을 왕창 써버리고 싶으니 좋은 방법을 가르쳐달라는 건데.

어떤 배우가 말이야, 돈이 생기면 일단 '세계명작만화를 몽땅 사 모을 것'이라고 했다는 거 알아?

부자 대장의 의견을 듣고 싶어요.

돈을 아주 멋들어지게 왕창 써버리는 방법을 가르쳐주세요.

어쩔 수 없네. 특별히 이번만 가르쳐주지.

이건 말이야, **하와이에서 옛날부터 전해오는 방법인데 말이지.** 가르쳐주기 전에 한 가지 약속을 해줘야겠어. 이거, 절대로 아무한테도 말하지 않을 거라고.

넵, 알았습니다! 절대로, 절대로 말하지 않을게요.

그럼 당신한테만 특별히 말해줄게.

돈을 왕창 써버리는 세상에서 가장 멋진 방법은….

그건… 나, 사토 미쓰로 대장의 계좌에 현금을 보내는 거야.

당신 정말, 백주 대낮에 뻔뻔스럽게도 사기를 치는군요!

'절대로 아무한테도 말하지 말 것'이라더니, 순전히 자기 잇속 챙기려는 속셈이잖아요!

대체 신비로운 하와이의 어디를 어떻게 갔다 왔다는 거야!

그건 그렇고, 당신 정말 공부 많이 했구먼.

당신 말대로 옛날 사람들은 연말이 되면 기분 좋게 돈을 왕창 써버렸지.

쓸데없이 돈을 다음 해까지 품고 가는 건 좋지 않다고 믿었더랬어. 그날 번 건 그날로 써버렸어.

돈을 품에 넣고 해를 넘긴다는 건 생각할 수도 없는 일이었어. 그래서 연말이 되면 화려하게 돈을 썼지.

그렇지만 그건 '돈을 쓰기 위함'이 목적이 아니었어.

해가 바뀔 즈음에 돈을 왕창 써버리면 신이 새해에 복을 많이 준다고 할머니가 그러셨어요.

아니야.

쓰는 게 목적이 아니라 미래에 불안을 남기지 않으려고 '탕진'하는 거야.

애당초 '돈'이란 '미래를 위한 준비'잖아?

당신이 내일 죽을 예정이라고 해봐.

그런 상황에서 '돈'과 '쌀'과 '하와이 여행' 가운데 뭘 선택할 것 같아?

쌀이나 하와이 여행이죠.

내일 죽을 건데 돈 같은 거 가져서 뭘 하겠어요.

그렇고말고. 그딴 종잇조각 같은 거 가져본들 아무 의미가 없지.

그 종잇조각은 미래를 위한 준비인 거야.

그럼 왜 '미래를 위한 준비'가 필요할까?

불안하니까요. 불안하니까 '미래를 위한 준비'를 내 품에 간직하는 거죠.

맞아. '불안'하니까 그런 거야.

돈벌이가 없어지는 건 아닐까? 병에 걸려 일도 못하는 건 아닐까? 먹을 게 없어지지는 않을까?

불안하니까 돈을 모아두는 거야.

간단히 말하자면, '돈'이란 것은 '불안'이란 놈이 물질로 변한 거야.

돈 그 자체가 '불안'에서 비롯한 것이지.

옛날 사람들은 그걸 깨달았어.

그래서 '돈(불안)'이란 놈을 해가 저무는 마당에 제 품에 넣어두고 싶지 않았던 거야.

남겨두고 싶지 않아서 해가 저물기 전에 마음껏 써버리는 거지.

그럼 '돈'을 사용하는 것이 목적이 아니라 **'불안'을 품에서 떨쳐버리려는 의식이었다**는 거예요?

과연 공부 잘하는 사람이라 이해가 빨라!

바로 그런 거지.

해가 저무는 바로 그때 왕창 써버리는 것은 자신의 품에서 '불안'의 에너지를 떨쳐버리기 위해서였어.

'돈'을 많이 가진 사람일수록 '불안'도 많이 갖고 있는 셈이지.

그런 상태로 해를 넘기면, 다음 해가 '불안'과 함께 다가오고 말아.

"이거 큰일이다"라고 외치며 해가 저물기 전에 시장이나 술집 같은 데 가서 마음껏 써버리는 거야.

정말 좋은 걸 깨달았어요.

그렇지만 요즘 세상에는 돈을 왕창 쓸 수 있는 게 전혀 없어.

왜냐하면 **너무 풍족하니까.**

도미 대가리 사 먹을 거야? 매일 배가 부른데?

비단옷 필요해? 옷장이 넘쳐날 만큼 옷이 많은데?

300년 전하고 지금은 완전히 달라.

현대인은 필요 때문에 뭔가를 더 사지 않아도 되니까 말이야.

그럼 돈을 품은 채 해를 넘겨도 괜찮아요?

불안 에너지를 내년까지 가져가지 않는 게 본래 목적 이지.

사는 것이 목적이 아니야.

그래서 이번 주 부자 코칭!

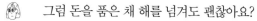
친구들이랑 연말에 미친 듯이 놀아버리자!

이를테면 사이좋은 사람들끼리 호화롭게 파티를 열고 올해의 불안을 올해 안에 다 잊어버리는 거야.

기세 좋게 거리로 나가서 비싼 음식에 술 한잔하고 크하하하, 웃어젖히면 올해의 불안을 다 씻어낼 수 있을 거야.

불안을 지우려는 본래의 목적을 위해 연말에 돈을 왕창 써서 놀자!!

'돈'을 많이 가질수록 불안해진다. 이건 통계학적으로 밝혀진 사실이다.

증권회사의 여론 조사에 따르면, '돈'을 많이 가진 사람일수록 불안 지수가 높다고 한다.

당연하다.

'돈' 그 자체가 불안을 축적하는 물질이니까.

가지면 가질수록 더 강렬하게 '불안'해지니까.

이런 시스템을 이해하기 시작하면,

당신은 '돈'을 갖지 않는 타입의 풍요로움을 지향할 것이다.

지금은 어렴풋이 기억하는 정도로도 좋겠지만….

이번 주 **부자 코칭**

불안을 지우기 위해
친구들과 한껏 놀아보자!

이번 주 한마디

그 종잇조각은
미래를 대비해서
가지고 있는 것이다!

23

저금을 찾아서
손에 쥐어본다

어른이지만,
세뱃돈 좀 주세요

_에히메에 사는 40대 U 씨

새해 복 많이 받으세요. 새해에는 만사형통하시고요.

그럼 이제 세뱃돈 주세요.

대장이 왜 대원들한테 세뱃돈 같은 걸 줘야 해?

오히려 대원들이 돈을 모아 대장에게 선물을 줘야지.

네? 용돈이나 세뱃돈이란 원래 윗사람이 아랫사람한

테 주는 거 아닌가요?

줘봐요, 대장. 늘 존경합니다.

이럴 때만 고분고분, 너무 얍삽해!

그럼, 재빨리 이번 주 부자 코칭!

저금을 다 찾아서 손에 쥐어볼 것.

그럼 다음 주에. 새해 복 많이 받으라고!

잠깐, 잠깐, 설명 안 해줘요?

흐음, 이건 나 자신에게 주는 세뱃돈.

세뱃돈이라면 **무거울수록 짜릿한 법이지.**

어릴 적 만 엔 지폐를 주었던 할머니보다 100엔짜리

동전 열 개 주었던 할아버지가 더 좋았던 기억 없어?

있었죠! 어린아이는 돈 가치를 잘 모르니까 무거운

게 더 좋았어요. 아, 그리운 옛날이여!

당신은 지금 어려.

네! 이제 곧 쉰인데요? 너무 늦지 않았나요, 나라는 어린애?

아까 세뱃돈 달라고 했잖아! 어리니까 그런 말한 거잖아? 그런데 나이가 쉰인데, 세뱃돈 달라고 한 거야? 그러니까 그걸 자신의 계좌에서 찾아서 주라는 게 오늘의 코칭이야.

내가 나한테 세뱃돈을 주라는 건 자기 예금 통장에서 자기 손으로 돈을 빼서 다시 자기 손으로 통장에 넣으라는….

아무 의미도 없잖아요.

그러니까 아까 말했던 그 법칙.

'무거우면 무거울수록 어떤 느낌이 드는 법칙.'

예금 통장에 '120만 엔'이라 적혀 있는데, 실제로 그 돈을 손에 쥐어본 적 있어?

없어요. 통장에 적힌 숫자만 봤거든요.

실물이 아니라 숫자만 봤다는 거지. 그건 말이야, 잡지에서 'UFO'라는 문자를 봤지만 실제로 본 적은 없는 것하고 똑같지 않겠어?

스컬리 요원, 숫자만으로 본 당신의 '120만 엔'이란 거, 정말로 존재하는 겁니까?

그렇지만 멀더 요원, 요즘은 다 그래요.

월급은 계좌로 들어오고, 옷을 살 때도 신용카드로 하죠.

자신이 얼마를 갖고 있는지는 모두 숫자로 확인해요.

그러니까 더욱더 실물을 봐야 한다는 거지.

인간은 오감으로 살아가는 동물이야. 120만 엔이란 숫자를 시각만으로 확인하는 것보다 실제로 손에 잡아보았을 때 그 '무게'를 느낄 수 있어.

이 '무게'야말로 그것이 물질이라는 증거가 아닐까?

돈이 '있다'라는 사실을 실감할 수 있거든.

흠, 조금은 설득력이 있네요. 숫자보다 무게가 더 '있다'는 느낌을 주니까.

그리고 내친김에 이 기회에 돈을 정리해볼까?

돈을 정리한다는 건?

먼지도 쌓이면 산이 되지. 돈이 없다고 입버릇처럼 떠들어대는 사람들을 잘 살펴보면, 대체로 여기저기 **돈을 흩어놓고 있을 따름이야.**

돈이 흩어져 있을 따름이라는 거. 그거 정말 대단한 표현이네요. 생각해보니 정말로 흩어져 있네요. A은행, B은행, C은행으로 나누어 예금해두었거든요.

 흩어진 돈을 하나로 정리하면 더 무거워져.

이번 주 코칭은, 당신이 예금한 돈 전부를 인출해서
직접 손으로 만져보는 것. 그리고 묵직한 그 '무게'를
실감한 다음 잘 정리해서 다시 예금할 것.

이걸 해보면 자신이 생각보다 더 부자라는 사실을
'실감'할 수 있을 거야.

다시 말해 숫자가 아니라 '무게'를 실감해보라는 거지.

이번 주 **부자 코칭**

은행 예금을 전부 찾아서
손으로 그 무게를 느껴보자.

저금액

이번 주 한마디

가난한 게 아니라
돈이 흩어져 있을 뿐이다.

24

**부자를 시작했다고
선언한다**

이번 주
가난뱅이 상담

운수대통 재물운을
가르쳐주세요

_가고시마에 사는 20대 N 씨

대장, 새해가 밝았네요. 복 많이 받으세요.

글 복, 먹는 복, 노는 복, 이 중에서 대장은 뭘 권하고 싶으세요?

그건 뭐니 뭐니 해도 돈 버는 복이겠지.

생각해봐, 이 책이 바로 그런 걸 얘기하는 거잖아?

부자 복이라면?

부자를 시작하는 거야.

정말 웃겨요. 라면 빨리 먹기 시합도 아니고.

부자라는 게 시작한다고 될 수 있는 건가요?

물론!

생각해봐, 뭐가 되려면 어딘가에서부터 일단 시작해야 하잖아?

바꿔 말해, 어떤 타이밍에 시작해야만 언젠가 그게 될 수 있지 않겠어?

아, 언제 보아도 참신한 발상법으로….

어떤 시점에 시작하지 않으면 그게 일어날 수 없어.

'입학식'이란 건 '처음 들어간다!'라는 생각을 했을

때 비로소 식이 될 수 있지.

'올해 들어가서 바로 졸업하고 말 거야'라고 다짐을 할 수도 있을 테고.

그렇다면 '부자'도 의식적으로 '부자 시작'을 해야 가능한 것이지.

그래서 이번 주 부자 코칭!

"부자 시작"이라 적고 그걸 사진으로 찍어 "올해 부자를 시작했다"라고 친구 세 명에게 보낼 것.

웃기지도 않는 대장의 발언 말인데요, 애당초 부자 시작 의식이란 게 뭔가요?

뭔가를 처음 의식하고 시작할 때 사람들은 마음속으로든 겉으로든 식을 올려.

그러니까 당연히 '부자 시작'이란 올해부터 부자가 되리라 생각한다는 거 아니겠어?

의식적으로 부자를 시작한다고???

뭐든 좋으니까 당신이 부자라고 생각하는 '행위'를 하면 되는 거야.

캐비어를 먹을 때 부자라는 생각이 든다면, 캐비어 먹는 사진을 찍어 "올해도 부자를 시작했다"라고 친구에게 메시지를 보내.

여기저기 온천을 다니는 게 부자의 행동이라 생각한

다면, **온천 사진을 곁들여서**, "올해도 부자를 시작했다!" 하고 메시지를 보내는 거야.

그게 뭐가 됐든 당신이 부자라고 생각하는 행위를, '올해 처음으로 의식해서 하는 것'이 부자 시작의 의식이지.

그런 연락을 보냈다가는 친구 많이 잃을 것 같은데요.

왜!

아기 '첫걸음마 사진'은 보내면서, '처음 부자를 시작하는 사진'을 못 보낸다니, 이상하잖아.

당신은 '걸음마'보다 '부자가 되는 것'이 더 부끄러운 일이라고 생각해?

하긴 그렇긴 하네요.

걸음마 사진은 아무렇지도 않게 보내면서,

부자 시작 사진을 못 보낸다는 건 좀 이상해요.

용기를 내서 올해도 부자를 시작할래요!

어떤 타이밍에 '시작!'이라 선언하는 것은 중요한 일이야.

새해가 밝아오는 지금 이 타이밍에,

'부자를 시작했다'라고 간판을 내걸어보자.

이번 주 **부자 코칭**

"부자를 시작했다"라고 친구 세 명에게 메시지를 보낸다.

사토 미쓰로
20XX년 1월 1일

올해 마침내 부자를 시작했다.

이번 주 한마디

부자라는 걸
시작할 거야.

부 자 신 문 12월

자하 하디드의 2,520억 엔짜리
신국립경기장 건축안 취소

세계적인 건축가 자하 하디드가 설계한 2020년 도쿄올림픽 패럴림픽의 주경기장 신국립경기장은 총 공사비 2,520억 엔이 너무 과하다는 이유로 취소되었다.

자신이 혼신의 힘을 기울여 만들었고 일단 결정까지 되었던 디자인 안을 '미안해요, 곰곰이 생각해보니 너무 비싸서…'라며 거부당한 자하 하디드는 과연 어떤 기분일까? 그리고 '곰곰이 생각해보니 비싸다'라며 거절한 담당자의 기분

도 알 것 같다. 파는 사람에게도 사는 사람에게도 비극적인 일이었다. 누구에게도 득이 없는 이런 사태를 일으킨 원동력은 '세상의 눈'이다. 이런 걸 신경 쓰다 보면 이제는 아무것도 살 수 없을 것이다.

일을 맡긴 도쿄도 수장은 돈 문제 때문에 몇 사람이나 바뀌었다.

아직도 기억에 생생한 이노세 지사의 사임극.

의료법인에게 5,000만 엔의 뇌물

5,000만 엔, 생각보다
덩치가 크다는 사실이 판명!

을 받았다는 사실이 언론에 보도
되었는데, 결국 그렇게 받은 현금
을 '가방에 넣어 집으로 가져갔다'
라고 증언하여 도의회에서 추궁받
았다. 위원회가 마련한 가방과 현
금 5,000만 엔.

"이게 5,000만 엔을 넣은 가방
입니다."

"넣어보세요."

"그러니까, 이렇게 해서. 어라?
이상하네?"

"안 들어가잖아요!"

"…."

일본이란 나라가 얼마나 안이한
가를 잘 드러낸 이 개그를 보고 미
쓰로 대장은 새로운 한 가지 지혜
를 얻었다.

5,000만 엔, 생각보다 훨씬 덩치
가 크다는 사실을!

이 책의 제23화 부자 코칭 '저금을
찾아서 손에 쥐어본다'로 이어지는
참신한 뉴스였다.

25

상상 수면을 해본다

이번 주
가난뱅이 상담

부자가 된 나를
상상할 수 없어요

_미에에 사는 30대 W 씨

대장은 요즘 유행하는 부자 되기 비주얼라이제이션visualization에 대해 어떻게 생각하세요?

얼라이제이션? 그게 뭔데, 얼라를 뭐 어떻게 한다고? 영어로 하면 멋져 보일 거라는 얄팍한 생각으로 만들어낸 말이야.

이 사대주의자!

자기가 영어를 못한다고 꼴통 할배 같은 성깔 부리지 마세요.

비주얼라이제이션이란 말은 부자가 된 자신을 상상해본다는 뜻이에요. '시각화'라고도 하죠.

그럼 '상상'이라고 해도 좋은 거네, 그거.

단 두 글자로 정리할 수 있는 말인데 왜 '얼라' 힘을 빌리고 그래?

부자 상상이라고 하면 그만이잖아?

뭐라고 해야 하나, 이건 상상하고는 조금 뉘앙스가 다른 것 같아요.

비주얼라이제이션 쪽이 상상보다는 좀 더 구체적이

라고나 할까?

이미 부자가 되어 있는 나 자신을 상상해보는 수법이에요.

아니, 그러니까 그걸 예전부터 '상상'이란 말로 적확하게 표현해왔다는 거야.

상상을 하다 보니 뇌리에 이미지가 또렷이 떠오르니까 얼굴에 미소가 번지는 거지.

그래서? 그 부자 상상이 뭐 어쨌다고?

지금 그거 요즘 애들 사이에서 유행하거든요.

대장은 TV를 안 보는 것 같으니까 시대에 뒤떨어질세라 가르쳐준 것뿐이에요. 저 이제 갈게요.

어이, 잠깐.

대장에게 배우는 자리인데, 대장을 가르쳐주고 그냥 나가버리겠다니, 그게 말이나 돼?

당신, 대장보다 더 높은 총사령관이라도 된다는 거야, 뭐야!

그 총사령관이란 게 뭔데요? 아직도 전쟁 시절의 기억에 사로잡혀 있는 건가요?

아무튼 부자 비주얼라이제이션을 대원들에게 권하고 싶었을 뿐이에요.

안녕.

잠깐만 기다려, 총사령관.

내 특별히 그 '얼라'보다 더 강력한 방법을 가르쳐주지. 애당초 비주얼라이제이션의 목적이 뭐지?

그 이미지를 통해 미래를 현실로 끌어내는 거잖아요?

아냐. 착각력을 높이는 거야.

착각력?

그렇고말고. 착각하는 힘 말이야.

계속해서 자신이 부자가 된 이미지를 떠올리다 보면, 좌뇌가 주변에서 자신이 부자라는 증거를 찾기 시작해.

그러면 부자가 될 수 있는 단서도 함께 찾아낼 거야.

이렇게 해서 뇌를 착각하게 하려고 상상하는 거야.

그럼 상상이란 거, 아주 중요하네요.

그런데 상상에는 한 가지 아주 큰 약점이 있어.

그것과 현실 사이에 놓인 '낙담'이란 벽이야.

뇌는 상상하는 동안에는 최고로 멋진 상태를 유지해.

세타파도 일어나고 말이지.

그런데 상상에서 현실로 돌아오면, 눈앞에 좁아터진 단칸방 정경이 펼쳐지는 거야.

어떻게 생각해?

슬퍼지겠죠, 현실과의 괴리 때문에.

조금 전까지 상상 속에서는 대저택에 살았었는데, 갑자기 싸구려 단칸방으로 돌아오는 기분이라니.

바로 그거야. 좀 구닥다리 같은 표현인데, "이것이 현실이노라, 크크크."

엥? 왜 갑자기 구닥다리 표현으로 바꿨어요?

입 다물고 듣기나 해!

이 "크크크"가 얼마나 강력한가 하면, 방금 전의 상상 효과를 120% 지워버릴 정도야.

그럼 상상을 한 의미가 없어져버리잖아요. 오히려 20%나 마이너스가 되어버리니까요.

바로 그거야.

그래서 이번 주 부자 코칭!

상상 수면을 해보자!

뭐예요, 그 상상 수면이란 놈은?

이것은 간단해.

상상을 한 뒤 현실을 직시하면 말짱 황이 되어버리니까, 상상을 유지한 채 잠을 자버리면 어떻게 될까, 왓슨 군?

아, 그렇구나. 이상과 현실 사이에서 괴로워하지 말고 상상 효과만을 유지한 채 잠들어버린다!

바로 그거야!

상상을 간직한 채 잠들어버리면 현실로 돌아온 순간의 "크크크"는 사라지고 말아!

상상은 잠들기 전에 해야만 하는 거야.

이건 뇌과학에서도 밝혀진 사실이야.

자기 전에 좋은 미래를 그리는 선수는 다른 선수보다도 성적이 좋다고.

듣고 보니 옛날에는 저도 이불에 들어가서 그날 가장 즐거웠던 일만 떠올렸어요.

그렇지만 어른이 되고 나서는 괴로운 일만 생각하며 잠들었죠.

정말 안타까운 일이야.

잠들기 직전의 시간은 뇌에게는 가장 소중한 시간인데 말이야.

좋아, 오늘부터 잠들기 전에 '내가 부자가 된 이미지'를 보다 구체적으로 그려보자.

그리고 그대로 잠들어버릴 것.

그렇게 계속하다 보면 언젠가는 대저택에서 눈뜨는 날이 올 거야.

이번 주 **부자 코칭**

잠자리에 들어서
마음껏 상상을 하며
깊은 잠에 빠지자.

이번 주 한마디

**"크크크"는 상상 효과를
120% 지워버린다.**

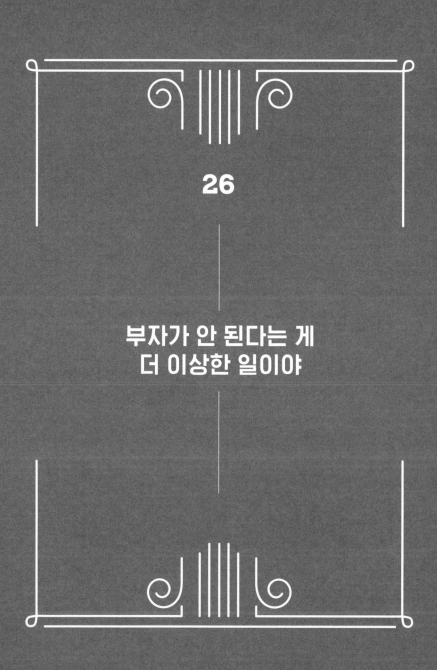

26

부자가 안 된다는 게
더 이상한 일이야

이번 주
가난뱅이 상담

부자가 되려고 죽을힘을
다했는데 여전히 가난해요

_도치기에 사는 20대 B 씨

슬슬 입춘이네요.

대장은 일본 전통에 맞게 콩을 멋지게 던지라는 코칭을 하실 거죠?

이를테면 그냥 콩이 아니라 비싼 유기농 콩을 던지라든지?

역시 발상 자체가 아주 싸구려로구먼, 아하하하.

유기농 콩을 마구 던지건 농약에 절은 콩을 던지건 그대가 누릴 행운의 양에는 별 차이가 없을 거야.

별로 없다는 건 어떤 식이든 조금은 차이가 있다는 거죠? (웃음)

그렇다면 생산지까지 따져서 진짜로 좋은 유기농 콩을 던져볼까나?

그런 문제가 아니라니까 그러네.

이건 오히려 어느 쪽 손으로 던지느냐가 중요한 거야.

네?? 그런 거예요?

그럼, 왼손으로 던질래요!!

〈사우스포(왼손잡이 투수)〉!

핑크 레이디(일본의 여성 듀오 아이돌 그룹)가 노래한 그날

부터 뭔가를 느끼고 있었다니까요!

당신, 잘 속는 타입이지?

지금 전국에서 '왼손으로 던지는 게 더 복이 있다'에

찬성하는 사람은 당신 하나뿐이야. (웃음)

좋았어, 특별히 알려주지.

'핑크 레이디의 〈사우스포〉를 들으며 왼손으로 콩 던

지기'보다 더 효과적인 콩 던지는 비법을 가르쳐줄게.

꾸, 꿀꺽….

그건 말이야, 1루를 향해 콩을 던지는 척하다가 갑자

기 3루를 향해 던지는 폼으로 바꾸고, 얼이 빠진 타

자를 향해 콩을 던지는 거야.

무슨 말도 안 되는 야구 용어를 마구 던진다고 제가

속을 줄 알아요.

어느 세상에 콩을 반대쪽으로 던지는 척하다가 귀신

을 맞혀버리는 사람이 있으려고요?

게다가 그게 생산지까지 따지고 산 유기농 콩이라면

어쩔 건데요!!

이 비법 말이야, 어디까지가 거짓일 것 같아?

왼손으로 던지는 게 더 복이 많아.

유기농 콩이 더 복이 많아.

춘분날에 콩을 던지는 게 더 복이 많아.

자, 어디서 선을 그을 거야?

흐음, 듣고 보니 좀 그렇네요.

'춘분날에 콩을 던지면 복이 들어온다'라는 것도 이상한 이야기잖아요.

외국인 입장에서 봤다면, 세상에 뭐 이런 풍습이 다 있느냐고 하겠죠.

'생산지까지 따지고 산 유기농 콩을 던지면 복이 들어온다'라는 것도 '춘분날에 귀신 얼굴에 콩을 맞히면 복이 들어온다'는 것만큼 괴상하네요.

그렇고말고.

따지고 보면 7년 전까지만 해도 춘분날에 김밥을 통째 씹어 먹는 풍습 같은 건 일본에 없었거든. 아주 일부 지역에서 그랬다는 말이 있을 뿐이야. 그런데 히로시마의 세븐일레븐이 김밥을 많이 팔려고 전략적으로 내세운 이후로 갑자기 전국으로 퍼진 거야.

3년 전부터 갑자기, 온 일본 사람이 올해의 상서로운 방향을 바라보며 우적우적 김밥을 통째 씹어 먹기 시작하여….

이거, 외국인 눈에는 무슨 신흥종교 집단의 의식처럼

보이지 않을까?

6,000만 명이나 되는 사람이 한 방향을 바라보며 말 없이 김밥을 통째 썹어 먹잖아?

상상만 해도 소름 돋아.

갑자기 눈이 번쩍 뜨이네요.

다시 말해 콩 던지기도, 김밥 먹기도 의미가 없다는 거네요?

아니, 의미는 무지 많아!!

오히려 하는 편이 좋아.

생각해봐. 인간이란 자기가 믿는 것에 열정을 쏟을 수 있거든.

'뭐뭐를 하면 행복해진다'고 굳게 믿는 사람이 그 특정한 '뭐뭐'를 하면 도파민이 나온다고.

플라시보 효과 같은 거네요.

아무것도 아닌데 믿으니까 약효를 내잖아요.

그렇지.

믿음을 가지고 어떤 의식을 하는 건 나쁘지 않아.

오히려 좋은 일이야.

다만, 지금까지 많은 의식을 치렀는데도 '아직 부족하다'라고 생각하는 건 참 애석해.

우리는 이미 부자가 되는 많은 의식을 했잖아?

맞아요.

김밥을 통째 먹는 거, 콩 던지는 거, 정월대보름에 달집 태우는 거.

이 모든 것이 '뭐뭐'를 하면 행운이 찾아온다는 그런 행사니까요.

그래. 그런 걸 잘 이해하고 발상을 뒤집어보라고.

이렇게 다양한 의식을 했으니까 **내가 부자가 안 된다는 건 너무 이상한 일이라고** 생각할 정도가 되어야 해.

그래서 이번 주 부자 코칭!

"내가 부자가 안 된다는 건 너무 이상한 일이야!"라고 읊조리면서, 생산지까지 따져서 산 유기농 콩을 왼손으로 던져보자.

하아, 그렇구나. '뭐뭐'를 하지 않으면 안 된다는 생각에서 벗어나, 여태까지 충분히 해왔다고 스스로를 설득하란 말이네요.

그렇고말고.

여기서 중요한 포인트는 콩을 던질 때, 지금까지 그대가 살아온 풍습, 문화, 주문, 노력, 그 모든 것이 '복을 불러들이기 위한 의식이었을 테니까, 부자가 안 된다는 건 너무 이상해!'라고 강하게 되뇌일 것.

생산지까지 고려한 유기농 콩을 왼손으로 던진다.

이번 주 한마디

내가 부자가 안 된다는 건
너무 이상하다는
생각이 들어.

27

부모님을 설득한다

이번 주
가난뱅이 상담

나는 왜 가난한가요?

_군마에 사는 30대 M 씨

애초에, 저는 왜 가난한가요?

아주 좋은 포인트를 건드렸어!

부자가 되려는 노력을 일단 그만두고, 왜 나는 지금 부자가 아닐까? 현재 상태에 초점을 맞춰보는 거야. 그러면 간단히 정답을 알 수 있어.

왜 당신은 지금 가난한가?

그건 당신이 가난하고 싶으니까.

무슨 말도 안 되는 소리예요!

전 부자가 되고 싶어 미치겠단 말이에요.

가난해지는 것이 제 꿈이라고요? 그건 전혀 아니죠.

지금은 21세기야. 눈앞의 '현실'은 관측자의 생각에 따른다는 것이 양자역학 분야에서 이미 증명되었어. 간단히 말하면, 당신 눈앞에서 일어나는 모든 것이 당신이 바라는 대로라는 사실. 감각적으로는 믿을 수 없겠지만 말이야.

그러니까 지금 가난하다면, 그건 당신이 가난을 원했기 때문이야.

말도 안 돼! 절대로 믿을 수 없어요!!

여기 거짓말쟁이가 있어요!!

엄청난 거짓말을 한다고요!!

그럼 '가난해지고 싶었다'라는 사실이 알기 어렵다
면, '부자가 되고 싶지 않았다'라고 하면 알 수 있지
않을까?

당신은 '부자 가운데는 나쁜 놈이 많아' '냉혈한이 많
아' '그놈들은 나쁜 짓을 해서 돈을 모았어'라는 이미
지를 갖고 있지 않아?

당연하죠.

생각해봐요. 정상적으로 살아가는 사람이 어떻게 최
고급 벤츠를 타느냐고요!!

그놈들, 뒤로는 반드시 나쁜 짓을 하고 있다고요.

그리고 성질도 더럽고요.

턱짓 하나로 사람을 부려서 마구 일을 시키잖아요.

에잇, 생각만 해도 기분 나빠.

거봐, 부자를 무지 싫어하잖아?

무지 싫은 그런 인간이 되고 싶지 않지?

그래서 당신은 '부자가 되고 싶지 않아'라고 마음속
깊은 곳에서 다짐을 하는 거야.

그것이 당신이 부자로 가는 길을 막는 거라고.

그렇잖아? 누구든 미움받기는 싫으니까.

미움받기는 싫지만 부자는 되고 싶어요. 온 세상의 부자는 대체로 꼴 보기 싫은 놈들이 많은 편이지만, **전 세계 최초로 사랑받는 부자가 될 거예요.**

그건 좀 힘들지 않을까? (웃음)

'난 미움받지 않는 부자가 될 거야!'라는 생각에는 '부자가 되면 미움받을 거야'라는 무의식이 자리 잡고 있는 거니까.

이런 고정관념을 깨부수지 않는 한, 당신은 스스로 마음이 푹 놓이는 가난뱅이 그대로 남을 거야.

그럼 어떡하면 좋은가요?

방법은 하나. 바로 당신이 가진 부자 이미지를 바꾸는 거야.

부자 이미지를 바꾼다고요?

간단한 일이야. 부자가 되고 싶지 않은 건 부자를 싫어하기 때문이니까.

그렇다면 이 세상의 부자들을 좋아하면 되지.

사실 부자는 엄청 좋은 사람이고 훌륭한 인격자이면서 모든 사람에게 사랑받고 마음이 따스하고 좋은 일도 무지 많이 한다고….

그런 이미지를 잔뜩 품어보는 거야.

그건 어려운 일이에요.

아무리 이미지를 떠올려봐도 머릿속에 떠오르는 부자는 꼴 보기 싫은 놈들뿐이에요.

그래서 되고 싶지 않았을지도 모르죠.

그럼 부자 이미지를 바꿀 수 있는 마법을 알려주지.

당신에게 '부자란 놈들은 전부 꼴 보기 싫은 놈들뿐이야!'라고 가르친 게 누굴까?

아마도 부모님?

빙고. 예외 없이 고정관념은 당신을 기른 사람한테서 온 거야.

당신에게 '부자는 이상한 놈'이라고 가르친 사람은 아마 부모님일 거야.

그래서 이번 주 부자 코칭!

본가에 가서 어머니에게 '부자란 얼마나 인간적인 사람인가'를 한 시간 동안 이야기해봐.

네?

본가에 가기 전에 먼저 인터넷으로 부자 가운데 좋은 사람이 얼마나 많은지 조사해서 스스로를 설득하는 거야. 조사해보면 얼마든지 있으니까. 부자라서 할 수 있었던 기부 행위라든지, 사람 좋은 부자 이야기라든지. '부자의 좋은 점'에 관련된 정보를 많이 모아보는 거야.

하긴 인터넷 세상이니 금방 찾아볼 수 있을 거예요!
우와, 지금 잠깐 조사해보았는데, 성격 좋은 사람 정말 많네요. 엄청 찾아낼 수 있겠어요.

그것만으로는 충분하지 않아.
잠재의식에 달라붙은 고정관념을 깨부수기에는 아직 힘이 모자라.
그래서 그 '부자의 좋은 점'을 당신에게 고정관념을 심어준 사람 앞에서 열정적으로 말해보는 거야.
어머니에게 부자가 얼마나 훌륭한지를.
아버지에게 부자들이 얼마나 다정한지를.

어쩐지 그 광경이 제가 열여덟 살 때 처음 해외여행을 가겠다고 한 그날의 장면과 겹쳐 떠오르네요.
부모님이 크게 반대하는데도, 저는 해외여행이란 게 얼마나 멋진 것인지를 조사해서 설득했었거든요.

어떻게 됐어?

부모님은 제 열의를 보고 허락해주셨어요.

그렇다면 그때와 똑같이 하면 되겠네.
'해외'가 '부자'로 바뀌었을 뿐.
부모님한테 가서 '부자'가 되는 허락을 받는 거야.
그럼, 본가로 가볼까?

이번 주 한마디

당신에게
'부자는 나쁜 놈'이라고
가르친 게 누구라고 생각해?

28

자신의 사치를
우선해본다

**이번 주
가난뱅이 상담**

나보다는 아이 교육이
먼저예요

_교토에 사는 40대 C 씨

제 입으로 말하긴 좀 그렇지만, 저는 용모 단정하고 머리도 좋고 남편도 있어요.

정말로 완벽한 인생이에요.

다만 돈이 좀 없다는 게 아쉬워요.

뭐가 부족하다고?

좀 더 좋은 아파트에서 살고 싶고, 아이를 사립 유치원에 보내고 싶고, 좋은 차를 타고 싶고. 전 아무래도 좋아요. 아이를 위해서 좀 더 넓은 방, 좋은 학교, 학원에 보내고 데리고 올 때 필요한 차 한 대 정도 필요해요.

당신은 아무래도 좋다고?

샤넬 백은?

버킨 백은?

미용 기구는?

고급 아로마 마사지는?

저는 아무래도 좋다니까요. 전 사치 같은 거 할 생각도 없어요. 아이만큼은 좋은 환경에서 교육받게 하고 싶어요.

🧑 잘 알았어. 요컨대, 당신 가정의 경우는 '난 이렇게 아끼며 살아도 돼'라는 자기희생의 착각이 고민이로군.

👩 자기희생의 착각이요?

🧑 **여기서 과감히 소비의 우선순위를 한번 바꿔보자고.**

맨 먼저 당신을 위해 돈을 쓰고, 그다음에 아이, 생활비 순서로 한번 해봐.

👩 저부터, 먼저 쓰라고요? 들어오는 돈은 거의 일정한데요?

이런 형편에 저를 위해 먼저 써버리면 아이 교육에 쓸 돈은 없어져버려요.

🧑 그게 무슨 문제라도?

👩 문제만 남죠.

엄마가 버킨 백을 사는 바람에 아이 학원비가 없어진다고요.

저보다는 아이의 교육이….

🧑 그러니까 그런 자기희생 어쩌고 하는 말은 그만두라는 거야.

당신, 성모 마리아 아니잖아.

잘 들어. 당신은 늘 '돈이 아쉽다'라는 불만을 달고 살잖아.

불만이 일어나는 메커니즘은 아주 간단해.

'만족하지 못해서'인 거야.

그렇다면 한 번 정도는 만족하게 해야지.

자기 자신을.

그렇지만 저를 우선하다가는 아이에게 쓸 돈이 없어지고 만다니까요.

그럼, 이렇게 생각해보자고.

매달 당신은 "아이를 위해서라도 난 아껴야 해"라고 중얼거려.

그런 생각이 행동 하나하나에 배어나올 거야.

이를테면, 아이가 "오늘은 학원 가기 싫어"라고 말하기만 해도, "아들, 엄마가 얼마나 아끼면서 학원비 마련하는지 몰라?"라고 말하잖아.

자기희생이 타인에 대한 엄격한 태도로 나타나고, 행동 하나하나에 배어나와.

마, 맞는 말이긴 해요. 늘 아이한테 그런 말을 해요.

자신을 너무 억압하니까 남에게 다정할 수 없는 거야. 자기 자신의 불만을 해소해봐.

그러면 한 달 정도 가계에 지장이 생길지도 몰라.

그렇지만 불만이 사라지면 다음 달부터 오랫동안 억눌린 감정이 없어질 거야.

지금 상태에서는 불만이 늘 가슴속에서 불타오른다고. 그걸 끌고 살아가느니 소비의 우선순위를 바꿔보는 게 어떨까?

먼저 자기 자신을 위해 쓸 것.

그렇지만 저를 위해 돈을 써도 될까요?

그러니까 자신을 우선하면 전체적으로 좋은 환경을 만들어낼 수 있다니까 그러네.

버킨 백 같은 건 한번 사버리면 만족해서 다 잊어버리지만, 사지 않고 가슴속에 묻어둔 버킨 백은 영원히 빛을 발하면서 당신을 미혹 속에 빠뜨릴 거야.

그, 그거 정말 명언이네요. 설득력 있어요.

가슴속의 버킨 백은 영원히 빛을 발한다.

서랍장 속 버킨 백은 곧 지겨워질 것이다.

엄청나요, 대장!

뭐 그 정도 가지고. (웃음)

자기희생의 불만을 해소하는 효과는 그 외에도 있어.

버킨 백을 산 다음 날 당신은 어떻게 될 것 같아?

좀 미안한 기분이 들 것 같아요.

그렇지, 바로 그거야!

자기만 만족했다는 생각은 주위에 대해 미안한 기분을 불러일으키고, 그 결과 가족들에게 다정하게 돼.

"내가 이렇게 고생하는데 넌 그깟 학원에도 못 가?"
라고 야단을 맞던 아이는 어쩐지 엄마가 요즘 들어
다정해졌다는 느낌을 받게 될 거야.
엄마의 그런 다정함이 비싼 학원보다 아이에게
더 좋은 영향을 끼치지 않을까?
그래서 이번 주 부자 코칭!
이번 달 월급을 받으면 자기 자신을 먼저 생각해보자.

이것은 아이를 키우는 주부만의 문제가 아니라 모든 사람에게
해당되는 이야기다.
일단 인내하고 희생하는 자신의 가슴속을 싹 비워버리기 위해
자기 자신을 가장 우선해본다.
후회가 홍수처럼 밀려오는 최악의 경우라도, 그것이 당신 미래
에 좋은 영향을 끼칠 테니까.

이번 주 **부자 코칭**

이번 달 월급을 받으면
자기 자신을 먼저 생각해보자.

이번 주 한마디

엄마의 다정함은 비싼 학원보다
아이에게 더 좋은 영향을
끼치지 않을까?

부자신문 1월

클럽에서 만난 여자에게
사기당하고도 태연한 노인

2월 22일, 와카야마현 다나베 경찰서는 한 남성의 집에서 귀금속 등 29점(약 5,400만 엔 상당)을 훔친 혐의로 한 여성을 체포했다. 그 여성은 '훔칠 생각은 없었다, 그 남자가 가져가라고 해서 가지고 나왔을 뿐이다'라며 혐의를 부인했다고 한다.

사건 당일, 남자는 여자를 집에 홀로 남겨두고 외출했다.

그런데 귀가해보니 여자의 모습이 보이지 않았다. 그리고 다음 날, 남자는 자택에서 현금과 귀금속이 없어졌다는 사실을 알았다. 그런 사실을 깨닫기까지 하루가 걸렸다는 것은 그가 자신의 돈과 물건을 세세히 관리하지 않는다는 걸 알 수 있다. 부자다운 습관이다.

사건 뒤에도 여러 미디어 취재에 적극적으로 응했기에 이 노인을 기억하는 분도 많을 것이다.

그가 카메라를 향해 던졌던 많은 명언들.

달라고 하면
그냥 주었을 텐데

"1억 엔 정도는 용서할 수 있지."

"뭐 사과만 하면 됐지 뭐."

"그것 말고도 돈이라면 여기저기 넣어뒀으니까. 어? 여기 넣어뒀을 텐데…"

결국 돈이 없어져도 이 사람은 애당초 몰랐던 것 같다.

돈에 대한 무덤덤한 반응이야말로 이 책에서 말하는 '돈을 차갑게 대한다'라는 코칭 그 자체일 것이다. 이 부자 노인은 일상적으로 돈에 대해 차가운 태도를 보였기 때

문에 돈 쪽에서 다가오는 것인지도 모른다.

그렇지만 여자는 다가오지 않는 듯… 클럽에서 만난 여자가 일으킨 사건이었다.

29

부자인 이유

이번 주
가난뱅이 상담

간절히 바라면
이루어진다는 거,
거짓말이죠?

_나가사키에 사는 30대 I 씨

"간절히 원하면 현실이 된다", 어떤 책에서 읽었어요. 그렇지만 아무리 부자가 되게 해달라고 빌어도 전 부자가 안 되던데요?

그 말대로, 모든 것은 당신이 그리 생각했으니까 지금 눈앞에 하나의 현실로 나타난 거야.

눈앞에 하얀 벽이 있다면, 그건 당신이 '하얀 벽이 있으라'고 원했기 때문이지.

꼴 보기 싫은 사람이 나타난다면, 그건 당신이 '꼴 보기 싫은 사람도 있는 거야'라고 생각했기 때문이고.

만나는 사람, 바라보는 대상, 일어나는 일, 이 모든 현실이 당신의 바람 그대로 나타나는 거야.

이건 양자역학에서 이미 증명된 사실이라고.

그럼 왜 부자가 되고 싶어 하는 제 생각은 눈앞에 안 나타나는 거예요?

생각한 것이 눈앞에 나타나는 거야.

'부자가 되고 싶다'고 생각했지?

그럼 '부자가 되고 싶다'라는 현실이 눈앞에 나타나

는 건 당연하지.

네? '부자가 되고 싶어!'가 현실에 나타난다니, 무슨 말이에요?

생각한 대로 현실로 나타나니까 '부자가 되고 싶다!'가 현실로 나타나는 거야.

그리고 '부자가 되고 싶어!'란 현실이 뭐냐 하면, 지금 부자가 아닌 현실이라는 거지.

봐, 현실은 당신이 생각하는 대로 가난뱅이잖아.

엥? 쪼끔은 알 것 같기도 하고….

'되고 싶다'라고 생각하면 안 되는 거구나.

'되고 싶다'라는 현실이 나타나니까.

좋아! '난 부자다!'라고 생각하면 되죠?

그러면 부자라는 현실이 나타나니까!

빙고!

도식으로 그리면 [   ]의 내용이 생각한 것.

[   ]의 내용이 그 생각대로 눈앞에 나타난다고 해보자고.

당신이 [벽은 하얗다]라고 생각하면, 바로 눈앞에 '하얀 벽'이 나타나.

[꼴 보기 싫은 놈이 있어]라고 생각하면, 바로 눈앞에 '꼴 보기 싫은 놈'이 나타나.

여기서부터가 중요해.

[부자가 되고 싶다]라고 생각하면, 바로 눈앞에 '부자가 되고 싶다(=가난뱅이)'가 나타나.

그러니까 대답은 간단해.

[나는 부자다]라고 생각하면, '부자인 나'가 현실에서 그 증거를 보여주지.

그렇지만 잘 생각해보면, 전 부자가 아니니까 부자가 되고 싶어 하는 거잖아요.

그런 제가 [나는 부자다]라는 생각을 할 수 없는 건 당연하네요. (웃음)

오호, 이제야 [나는 부자가 아니다]라는 취지의 발언을 하는군!

[부자가 아니다]라고 생각한다면, 눈앞의 현실에서 무엇이 나타날까?

그건 당연히 '부자가 아닌 나'가 나타나겠죠.

그렇지만 무리예요. 실제로 부자가 아니니까요.

억지로 어떤 생각을 하라는 건가요?

자신이 부자라고 착각이라도 하라는 거예요?

애당초 모든 것은 착각이야.

당신은 스스로를 가난뱅이라고 생각하고 있지만, 아프리카의 가난한 아이들에 비한다면 엄청난 부자일 거야. 하루에 세 번이나 밥을 먹을 수 있으니까.

배고픈 아이 입장에서 보자면, "난 가난해"라고 말하는 당신이란 존재가 뭔가를 착각하는 아주머니로 보일 테지?

여기서 왜 아주머니가 나와요?

그렇지만 착각은 착각이네요.

그래서 이번 주 부자 코칭!

《내가 부자인 36가지 이유》라는 책을 만들어보자.

우선 노트를 사.

그런 다음 첫 페이지에 그 제목을 적고 다음 페이지부터 하나씩 그 이유를 적어나가는 거야.

"내가 부자인 이유

① 이번 달도 월세를 냈다"라든지 등.

이 부자 노트를 계속 적어나가다 보면,

'나는 부자구나'라는 착각이 일어나.

착각만 계속할 뿐이라면 그건 그냥 머리가 어떻게 된 사람이잖아요.

모든 것은 착각이라니까 그러네!

자신을 가난하다고 착각하는 것도, 보통 사람이라고 착각하는 것도, 부자라고 착각하는 것도 모두 당신 자유야.

그럴 거면 '난 부자다'라고 착각하는 편이 더 낫지 않을까?

모든 사람이 착각 속에서 살아간다면 '난 부자다'라고 착각하고 싶네요.

그럼 착각을 더 추진하기 위해서 증거 노트를 만들어 보자고.

《내가 부자인 36가지 이유》라는 책을 만드는 거야.

적어나가는 사이에 착각이 더 앞으로 나아가.

그러면 '난 부자일지도 몰라'라고 진짜로 믿기 시작해.

거기서부터 현실의 역전극이 시작되지.

당신이 그렇게 믿었기에 현실에서도 당신은 부자가 될 수 있어.

그러는 사이에 [나는 가난하다]라는 증거는 점점 찾기 힘들어지지.

그런데 왜 하필 36가지 이유인가요?

당신에게 매달 세 번의 행운이 있고, 그것이 일 년 열두 달 이어지길 바라는 마음에서. 아멘.

《내가 부자인 36가지 이유》 라는 책을 만들어보자.

이번 주 한마디

"나는 가난하다"라고 말하는 것도
당신의 착각이 아닐까?

30

**가난뱅이
세계선수권대회**

이번 주
가난뱅이 상담

내가 부자라는 생각이
들지 않아요

_도쿄에 사는 30대 E 씨

지난주 부자 코칭을 읽고 나서 '내가 부자인 36가지 이유'를 적어보았지만, 도무지 노트 빈칸이 채워지지 않아요.

정말로 자기 눈앞의 현실을 제가 100% 만들어내는 건가요?

이렇게 부자가 되고 싶은 내가 여기 있는데, 현실은 가난뱅이라니, 이상하지 않아요?

애당초 부자라면 '부자가 되고 싶다'라는 생각을 하지 않을 테지? 그러니까 부자인 거야.

'부자가 되고 싶다'라고 생각하지 않는 사람이 부자니까, 당신도 그냥 그들처럼 '난 부자다'라고 착각하면 그만이야.

그러니까 '난 부자다'라는 생각은 할 수 없다니까요.

좋아, 그렇다면 오늘은 거꾸로 공략해보지 뭐.

부자가 되길 그리도 바랐지만 부자가 되지 못했다면, 오히려 '가난해지고 싶어!'라고 바란다면?

가난해지고 싶은 사람이 세상에 어딨어요?

거참, 부자가 되기 어려우니 가난뱅이가 될 수밖에 없다니까 그러네.

편리한 쪽으로 노선 변경을 해볼까?

좋았어, 이번 주는 가난뱅이 코칭으로 해보자고.

잘 들어!! 어차피 가난뱅이가 될 거면 세계 최고의 가난뱅이가 되는 거야!!

세계 최고 부자는 무리라고 해도 세계 최고 가난뱅이는 될 수 있을지도 몰라!!

1등이라고 뭐든 다 좋은 건 아니잖아요?

그러지 말고.

가자, 세계 최고의 가난뱅이를 향하여!!

그럼 이번 주 가난뱅이 코칭!

"나는 세계 최고의 가난뱅이가 되고 싶어"라고 중얼거려본다.

그리고 그다음에 "그런데 ○○가 가로막아 세계 최고가 될 수 없어!"라고 말하는 거야.

이 ○○을 노트에 하나씩 적어봐.

와, 머리 좋네요! 거꾸로 공략한다는 거!

그래. 가난뱅이 세계선수권대회에 출전한 그대.

그런데 잠깐, 당신 [비자금]을 몰래 숨겨두고 있지?

그런 걸 가지면 도저히 세계 최고가 될 수 없어!!

게다가 당신, [남편의 박봉] 문제도 있고?

세계 최고의 벽을 깔보지 말라니까!!

게다가 [월세 아파트]잖아??

이런 것들이 가로막는 바람에 당신은 세계 최고 가난뱅이가 될 수 없어!!

세계 최고 가난뱅이가 되고 싶은 당신을 방해하는 많은 이유들.

[자전거]도 버려야 해.

[물 잘 나오는 수도]가 집에 없었더라면.

[이름도 없는 싸구려 원피스]조차 입지 않았다면.

이런 식으로 [이유]를 찾아보는 거야.

이런 [이유] 때문에 난 세계 최고 가난뱅이가 될 수 없다고요?

그렇다는 건 요컨대 [ ]는 내가 부자라는 증거다!!

천재! 대장, 당신은 30주에 이르러 비로소 천재가 된 건가요?

너무 늦어!

뭐, 정공법으로 채울 수 없는 사람은 이렇게 반대편에서 공략해서 채울 수밖에.

진짜 세계 최고 가난뱅이가 되기 위해서는 수도에서 물이 나오면 안 되고, 비자금 같은 건 가지면 안 되고, 아파트 같은 데 세 들어 살아서는 안 되는 거야!!
사치는 우리의 적이라고!!

정말로 제가 사는 [싸구려 빌라]조차도 부자의 증거
로 보이네요.

사고를 유연하게 할 것. 아까까지 당신은 [싸구려
빌라]를 부자가 아닌 증거라고 생각했지만, 지금은
180도 바뀌었어. 그렇게 해서 [○○(세계 최고의 가난뱅
이를 방해하는 것)]을 노트에 가득 채워보고, 36개를 채
우면 그 위에 제목을 적어봐. "내가 부자인 36가지
이유"라고.

대단해!! 지난주는 적어 넣지 못한 노트를 반대쪽 관
점에서는 적어 넣을 수 있겠어요.

당신은 부자다. 그 증거는 당신 주위에 아주 많다. 그저 그 사실
을 인정하지 않을 뿐이다.

부자인 이유를 찾을 수 없다면, 가난뱅이 세계선수권대회에 출
전하는 이미지를 떠올려보자.

우승할 수 없는 이유를 늘어놓다 보면, 당신은 반드시 부자일
테니까.

이번 주 한마디

세계 최고 가난뱅이가
되는 건 무지 어려워!!

31

누군가에게 신세를 져본다

이번 주
가난뱅이 상담

남편이 회사에서
잘렸어요

_에히메에 사는 50대 K 씨

남편이 회사에서 잘렸습니다. 정말 눈앞이 캄캄해요.

무지 좋은 기회구먼.

1,000년에 한 번 올까 말까 하는 기회잖아!

격려하는 말 같은데, 별로 좋은 느낌은 들지 않는데 요?? 잘렸다니까요!

절호의 기회잖아.

마침 좋은 기회가 왔으니, 애당초 '돈'이란 무엇인지 생각해보자고.

어이, 거기 미망인. 돈이란 무엇일까?

누구 마음대로 내 남편을 죽이고 그래요.

그냥 잘렸을 뿐이라고요.

으음, 그러니까 돈이란… 현대 사회의 만능 도구??

정말 아무것도 모르는구먼. 잘 들어봐.

돈이란 '남한테 신세를 지지 않는 힘'을 가리키는 말이야.

??? '신세를 지지 않는 힘'이 '돈'이라니, 도무지 대장 의 존재 의미가 뭔지 모르겠네요.

왜 '돈'이 필요할까?

그건 '누구에게도 신세 지지 않을 수 있는 권리'를 얻기 위한 거야.

돈이 있으면 친척 집에 밥 동냥을 하러 가지 않아도 돼. 돈이 있으면 동료에게 하룻밤 재워달라고 하지 않아도 돼. 돈이 있으면 친구 옷을 빌려 입지 않아도 돼. 요컨대, '돈'이란 있으면 있을수록 누구에게도 신세 지지 않고 살 수 있다는 거지.

좀 알 것도 같네요. 남편이 회사에서 잘려 눈앞이 캄캄해지면서 이러다가는 누군가에게 신세를 지게 될 것 같다는 생각을 했었는데….

먹을 게 없으면 친척에게 손을 내밀까라든지, 집에서 쫓겨날 지경에 처하면 친정에 좀 신세를 질까라든지. 그렇지만 아이들 학비는 어떡하면 좋아요?

거봐, 아이들 학비도 '돈'이 있으면 아이에게 부담을 지우지 않아도 된다는 생각 때문이잖아?

즉 '돈'이란 것은 '남에게 신세를 지지 않아도 되는 힘'을 말하는 거야.

지당하신 말씀이에요. 누구에게도 신세 지지 않을 수 있는 힘, 돈.

이 '돈'만 가지고 있으면 신세 지지 않고 살아갈 수

있어.

그럼, 여기서 깨달았으면 좋겠군.

돈이라는 것을 만들어내기 전의 인류는 어떻게 살았을까?

돈이 나오기 전에는 서로 도우며 살지 않았을까요? 마을 사람들이 한군데 모여 매머드 고기를 나눠 먹었을 테고.

다시 말해 '서로 신세를 지면서' 살았다는 거네? 원래 인간이란 존재는.

그렇지만 '돈'이 만들어지는 바람에 사람과 사람 사이의 교류는 점점 줄어들게 되었을 거야.

이해가 가요. 돈의 등장으로 사람과 사람 사이의 교류가 줄어들었을 테죠.

그리고 실제로 '돈'이란 도구는 권력자가 대중의 힘을 분산시키기 위해 개발되었다는 얘기도 있어.

정부가 '돈'을 찍어내면 낼수록 사람들은 '신세'를 지지 않게 되는 거잖아?

그렇게 되면 사람들은 점점 고립되어가지.

고립된 사람은 '혼자서 살아가지 않으면 안 돼'라는 생각을 가져.

쓸데없이 '돈(신세를 지지 않는 힘)'이 필요해져.

이것이 바로 악의 고리라는 거야.

각 시대의 권력자가 이런 것까지 생각했을까요?

오히려 그 이상의 계획을 세워 실행했지.

아무튼 이렇게 해서 '돈'을 찍어내면 낼수록 사람들은 고립화되어 힘을 잃어버려.

힘을 잃은 사람들은 조종당하고, 권력자의 지위는 점점 더 안정되어가지.

그리고 '돈'을 찍어내는 권력자만이 힘을 갖는 거야.

너무너무 무서운 이야기예요!!

이거, 가볍게 웃으며 읽는 책 아니었던가요? 언제부터 공포 괴담이 된 거예요?

그럼, 권력자에게 지지 않기 위해서라도 이번 주 부자 코칭!

<u>누구든 좋으니까 '신세'를 져보는 거야.</u>

이번 주 코칭은 금방 이해했어요.

이제는 오히려 남에게 '신세' 지는 것이 그리 나쁜 일이 아니라는 생각이 들어요.

서로 신세를 지는 것이 오히려 좋은 것 같아요.

고립화되지 않는 것. 권력이 지배자에게 집중하지 않게 하는 것.

더 적극적으로 신세를 지고 싶어졌어요.

서로 신세를 진다는 말보다는, 서로를 돕고 산다는 말이 더 좋을 것 같아.

서로 돕는 것은 신세 지는 일이 아니다.

사람은 서로 도우며 살아왔다.

맞아요! 맞아요!

그렇잖아요. 옛날에는 어부도 농부도 서로 도우며 살았을 테니까요.

그런데도 '돈' 때문에, 그렇게 서로 의지하는 삶을 '신세 지는 일'이라고 착각하고 만 거예요.

그렇고말고. **그러니까 돈이 없을 때가 바로 기회야!**

'함께 산다'라는 안도감을 회복할 수 있는 기회라고.

원시 시대 인간 사회처럼 아주 굳건한 평안을 맛볼 수 있으니까.

사람은 혼자서는 절대로 살아갈 수 없어.

이번 주 코칭, 실천에 옮겨볼게요!

누군가에게 신세를 져보도록 할게요!

그러면 되는 거야.

이번 주는 누군가에게 마구마구 '신세'를 져보도록 하자.

갑자기 찾아가서 재워달라 하고, 저녁밥도 해달라 하고. 그러면 상대도 당신에게 '신세'를 지려 할 거야.

이렇게 하여 교류가 일어나면 '돈'이란 게 그리 필요
하지 않다는 걸 알게 돼.

그렇잖아. 돈이란 '남에게 신세 지지 않기 위한 도구'
니까.

이번 주 **부자 코칭**

누군가에게
신세를 져보자.

이번 주 한마디

돈이란
'신세를 지지 않는 힘'이란
뜻이다.

32

내 꿈을 이룬 사람을
만나러 간다

이번 주
가난뱅이 상담

회사를 그만두고
독립하고 싶어요

_돗토리에 사는 30대 O 씨

지금은 회사에 다니고 있지만, 독립해서 성공하고 싶어요.

독립이라면, 인기 아이돌 그룹에서 탈퇴하려고?

이런 시국에 그런 농담은 하지 말아주세요.
회사를 그만두고 독립해보겠다고요.

잘 들어봐, 아이돌.
꿈을 이루는 가장 좋은 방법은 그 꿈을 먼저 이룬 사람을 만나보는 거야.

내가 꾸는 꿈을 먼저 이룬 사람을 만나라고요?
누군가 독립한 사람이 가까이 있는 거예요?

딱히 없다면 나를 만나러 와.

어라?? 미쓰로 대장, 당신은 가공의 인물 아닌가요?
이 책에서만 등장하는 설정 캐릭터.

무슨 그런 말을 해. 난 엄연히 살아 움직이는 실제 인물이야. 10년 다니던 회사를 그만두고 독립해 성공했지. 그야말로 당신이 꿈꾸는 바로 그런 사람이라고.

본인이 본인을 성공한 사람이라고 하다니, 보통이 아

닌 것 같네요.

그렇지만 부자 아니죠?

엄청 많아, 돈.

썩어버릴 것 같아.

아, 지난주에 들여다보니 썩을 것 같아서 소금에 절여뒀어.

맞잖아요. 설정된 캐릭터라는 걸 증명하는 농담이잖아요! 맞죠? 가공의 인물이라는 거.

무지 많이 가졌다고 자기 입으로 말하는 사람은 본 적이 없거든요.

그러니까 존재한다고 하잖아!! 실제로!!

어느덧 반년째 고민을 들어주고 있어.

그렇지만 부자 대원 중에서 나를 보러 온 사람은 아무도 없더군.

누구 한 사람이라도,

"저, 부자 대원입니다!!"라며 앞으로 나서는 놈이 없다니까!

난 말이지, 전국을 돌며 강연을 해.

올해만 해도 만 명 이상의 고객을 만났지만 그 누구도 '부자 대원'이라고 나서는 사람이 없었어!!

당신들 말이야, 그렇게도 행동력이 없어서 어쩌려고

그래! 행동력이!!

그래도 일부러 만나러 갈 것까지는 없잖아요?

그냥 부자 코칭을 읽고 매주 실천하면 충분할 것 같은데….

그러니까 언제까지고 '부자'의 경지에 오르지 못하는 거야!!

잘 들어, 당신은 '꿈'이라는 것이 저 멀리에만 있다고 착각하고 있어.

책 속에, 어느 TV 프로그램 속에, 소설 속에.

가공의 스토리로서 어떤 것이 '꿈'이라고.

그럼 도대체 언제가 되어야 그것이 당신 주변의 '현실'로 다가올까?

기다려서는 안 되는 거야.

먼 곳에 있는 '가르침'을 가까운 '현실'로 만들어야 해.

그럼 여기서 이번 주 부자 코칭!

내 꿈을 실현한 사람을 만나러 가자.

미쓰로 대장의 강연회에 살아 숨 쉬는 대장을 만나러 와~!

네? 좀 귀찮기도 하고 창피하기도 하고…. 안 갈래요.

대장 보는 건 책으로만 봐도 충분해요.

그건 다시 말해, '꿈이란 책 속 이야기로서 간직하는 것'이라고 말하는 거랑 똑같아. '가르침'을 듣고 그 '가르침'을 현실 세계에서 실현하는 것이 당신의 역할 아닌가?

지금까지 내가 이야기한 내용을 '가르침'으로서 책 속에만 가두어둘 것인가, 현실 세계로서 체험할 것인가는 '당신'이 선택할 문제야.

아, 알았어요.

용기를 내서 대장을 만나러 갈게요!

생각해보니 책으로만 대장의 '가르침'을 읽다가, 현실 세계를 살아가는 생생한 인간으로서 대장을 만난다면, 그 존재를 보는 것만으로도 어쩐지 '책에서 현실로' 어떤 입체화가 일어날 것 같아요!

지금까지의 가르침을 현실 세계에 스며들게 하기 위해 한번 가볼게요!

펄펄 살아 움직이는 미쓰로 대장 앞에서 "나는 부자 대원입니다!"라고 당당히 외칠게요!

좋았어, 그럼 되는 거야!

책을 읽는 '당신'을 실제로 만날 그날을 즐겁게 기다리고 있을게!

이번 주 **부자 코칭**

책의 주인공을 실제로 만나러 가보자.

이번 주 한마디

머나먼 '가르침'을
가까운 '현실'로 만들자.

부자신문 2월

큰 인기를 끄는 구마몬 관련
상품 매출액 1,000억 엔 돌파

2011년 3월 규슈 신칸센 가고시마 지역 개통을 계기로 탄생한 구마몬. 생일은 개통일인 3월 12일이고, 직책은 일단 '공무원'이다. 가고시마의 영업 겸 행복부장으로서 일본 내외에서 구마모토의 PR 활동을 열정적으로 수행하고, 그것이 지역 상징 캐릭터 붐을 타면서 큰 인기를 누리고 있다.

그런 구마모토의 PR 캐릭터 '구마몬'을 사용한 관련 상품의 매출액이 2015년에 처음으로 1,000억 엔을 돌파했다는 뉴스였다.

2016년까지 총 매출액은 2,419억 엔을 넘었고, 또한 2014년부터는 해외에도 판매되었다. 대만이나 홍콩 등에 수출하여 21억 400만 엔을 벌어들인 것이다.

잘 모르는 사람도 있을 텐데, 구마몬은 라이선스료를 받지 않는다. 다시 말해 캐릭터를 공짜로 쓸 수 있다(허가는 필요). 통상 라이선스 사용료는 8~10%인데, 만일 라이선스

라이선스 무료 사용이 주효한 것인가

를 모두 받는다면 매년 200억 엔 이상이 구마모토로 들어갈 것이다.

한편, 만일 라이선스료를 받았더라면 이만큼 전국적으로 '구마몬'이 유명해지지 못했을지도 모른다. '만일'이라고 하면 수만 가지 경우의 수가 뇌리에 떠오르지만, 어느 것이 정답인지는 아무도 모를 것이고, 결국 눈앞의 현실이야말로 최선이었다고 감사하는 마음을 가지는 것이 적절할 것 같다.

명확한 사실 한 가지, 2016년 4월

KUMAMOTO KUMAMON

에 일어난 구마모토 지진에서 주민을 일으켜세웠던 상징이 바로 구마모토의 행복부장 '구마몬'이었다는 사실이다.

33

돈의 가치가 없어지는 걸
상상한다

이번 주
가난뱅이 상담

낭비벽을 버리고 싶어요

_돗토리에 사는 20대 R 씨

우리 집은 낭비벽이 심한데요, 저축을 잘할 수 있는 방법을 가르쳐주세요.

먼저 질문 하나 하지. 그런데 돈 같은 거 저금해서 뭘 하려고?

미래에 어떤 문제가 일어나면 저금이 있어야 어떻게든 할 수 있거든요.

그렇군. **돈을 모은다기보다는 '안심'을 모아두고 싶은 거야.**

그렇지만 만일 모아둔 돈을 쓰지도 못하고 죽어버리면 좀 아깝지 않을까?

그런 건 생각해본 적도 없어요.

난 뿌리부터가 거지 근성이라서 모아두는 게 더 '불안'해! 모아둔 돈을 쓰지 못한다면 어떡해? 잘 생각해보라고.

실컷 모아두었다가 갑자기 죽어버리면? 정부가 저금에다 세금을 때리면? 은행이 망해버리면?

그것참, 진짜로 불안해지려고 하네!!

지금 당장 돈을 써버려야 마음이 편할 것 같아!

눈이 확 뜨인다고 할까…? 좀 의외네요.

마음을 놓기 위해서 돈을 모은다는 말은 들어봤지만, 마음이 편하려고 돈을 써버린다는 사람이 있을 줄이야… 그렇지만 듣고 보니, 아끼고 아껴서 돈을 모아두었는데 쓰지도 못하는 상황이 벌어질 수도 있겠어요.

그렇다니까. 그 유명한 스티브 잡스가 한 말 알지? 애플을 창업한 그 사람. 그 사람이 죽기 전에 한 말 알아?

난 친구라서 그 친구한테서 직접 들었어. 아니, 정확히 말하자면, 그에게 직접 들은 사람이 쓴 전기를 읽은 사람한테 직접 들은 말이야.

뭐가 그리 복잡해요. 아무튼 잡스가 죽기 전에 뭐라고 했는데요?

그가 한 말을 간단히 정리하면 이렇게 돼.

아니, 그가 한 말을 간단히 요약했을 책을 읽은 내 친구가 한 말을 간단히 요약하자면, 이렇게 돼.

"돈 모으느라 정신없이 살다 보니 돈 쓸 시간을 갖지 못한 것이 후회스럽다."

돈을 모으기만 하고 쓰지를 못했다고요?

그 사람은 세계에서도 최고의 부자라고 할 수 있는데, 전 도무지 감정 이입이 안 되는데요?

그렇게나 돈을 많이 가졌다면, 어느 순간 '이제 슬슬 쓸 때가 됐어!'라는 생각을 해야 하잖아요.

 아냐, 그렇기 때문에 하는 말이야. 그 정도로 많은 돈을 모은 사람조차도 죽는 순간이 되어서야 비로소 '돈'의 마술을 깨달았다는 거야.

그러니까 우리 같은 사람의 관점에서 보자면, '당신 그렇게 돈을 모으는 데 시간을 들였으니 쓸 때가 왔다는 사실을 깨달아야지, 시간이 없어!'라고 말할 수 있을 것 같지?

그렇지만 본인은 그걸 깨닫지 못한 거야.

그만큼 '모으기'에서 '쓰기'로 바꾸는 데는 용기가 필요하고 그 타이밍을 맞추기도 힘들다는 뜻이지.

 설득력 있네요.

그렇지만 인간이란 원래가 그런 게 아닐까?

누구든 미래에 대한 불안 때문에 소중한 지금을 희생하기만 해.

미래라는 불안에 계속 영양을 공급하면, 그 불안은 점점 더 크게 자랄 거야.

'앞으로 무슨 일이 있을지도 몰라' '더 모아야 해'

불안을 고리로 해서 저축액만 늘어나지. 쓰지를 못하는 거야.

아마 지금 당신도 똑같은 상황일 테지. '모으기'에만 초점을 맞추고 있어. '더 모으지 않으면 불안해!' '앞으로 무슨 일이 벌어질지 몰라!'라고.

그래서 이번 주 부자 코칭!

내일 갑자기 돈 가치가 없어질지도 모른다고 생생하게 이미지를 떠올려보자.

내일 가치가 없어진다니, 지금 당장 돈을 쓰고 싶어지는데요!

그렇지. 그러면 돈을 쓰는 기쁨이 점점 커질 거야.

생각해봐. 가지고 있어봐야 종잇조각이잖아.

유명한 만화의 대사인 "이런 종잇조각, 똥도 못 닦아"라는 말대로 가치가 없어진다면, 가지고 있어봐야 쓸 수도 없는 물건이야.

그러니까 '모으기'에서 '쓰기'로 의식을 조금씩 바꾸기 위해서 이번 주 코칭을 실천하는 거지.

돈의 가치가 사라질 가능성을 생생하게 떠올릴 수 있다면 **'쓰기'보다 '모으기'가 더 두려워져.**

내일 돈의 가치가 없어질 가능성을 생생하게 떠올려보자.

갑자기 가치가
없어진다면….

이번 주 한마디

지금 당장 돈을 써버리고
편해지고 싶어!!

34

내 주변의 가치에
가격을 매긴다

이번 주
가난뱅이 상담

연예인이 너무 부러워요

_도치기에 사는 40대 U 씨

TV에 나오는 부자 자매가 있는데, 멋들어진 저택에서 잘생긴 집사에게 서비스를 받으면서 살더라고요. 세상이 너무 불공평해요!

왜 하필이면 자신에게 없는 걸 바라보고 그래? 없는 건 없는 거니까 괜스레 바라볼 필요는 없잖아. 있는 걸 찾아봐. 자신이 이미 가진 것을.

딱히 대단한 것도 없다고요. 이 비곗살 정도?

그봐, 있잖아! 있는 거! 최고의 '비곗살'을 가지고 있잖아?

그 **이름도 찰지고 풍성한 비곗살.** (웃음)

그 풍성한 기름과 살을 피부에서 단 한순간도 떼어내지 않고 지니고 있는 그대여.

무지 사치스럽잖아. 고급 저택에 사는 사람보다 더 화려하다니까.

이렇게 너덜거리는 뱃살은 필요 없어요! 고급 저택이 더 좋아요!

좋았어. 그럼 지난주에 이어서 내 친구가 죽기 전에

한 명언을 인용할게.

아니, 정확히 말하면, 내 친구의 친구가 서점에 산 책에 나오는 사람의 명언을.

잘 들어봐. 잡스는 이렇게 말했어. "돈만 지불하면 나 대신에 운전해줄 사람을 고용할 수 있다. 그렇지만 나 대신에 병에 걸려줄 사람은 없다. 아무리 많은 돈을 가졌어도 지금 내 눈에는 생명 유지 장치의 녹색 불빛만이 차갑게 빛난다." 이것 봐!!

아직 갖지 못한 걸 바라보는 것보다 이미 가지고 '있는 것'을 보라고!

 어, 어쩌란 말인데요?

 어쩌면 좋으냐고??

여기서 이번 주 부자 코칭!

이미 갖고 있는 것에 가격을 매기는 게임을 해보자.

잘 들어. 당신은 건강해?

 비곗살 말고는 튼실한 건강 비만아입니다.

 거봐! 그거 말이야, 내 친구 잡스가 "돈을 지불한들 아무도 팔지 않는 것"이라고 말한 거시기!!

그 유명한 건, 강.

그 유명한 인터넷 쇼핑몰에서도 팔지 않는 '거시기!'

바로 건강이야! 엄청난 거야. 아마도 잡스가 100억

엔은 쉽게 가졌을지는 몰라도, 당신은 그가 100억 엔을 지불해서도 살 수 없는 걸 이미 가진 셈이지!! 그럼 일단은 100억 엔 가진 거로 해두자고.

아뇨, 아뇨. 그런 돈 없어요.

왜 대장 멋대로 이 비곗살에 100억 엔의 가격표를 붙이고 그래요??

대장이 무슨 우시장 중개인이라도 돼요?

그렇지만 사실이 그렇잖아.

'가치'라는 것은 필요로 하는 사람이 붙이는 거야.

이를테면 당신이 부러워하는 고급 저택, 그 가격이 어떻게 형성되는지 알아?

경매에서 결정되죠. 원하는 사람이 높은 가격으로 살 테니까요.

이를테면 3억 엔이라도 사고 싶은 사람이 있으면, 그 가격으로 구입하는 거야. 그처럼 건강이란 것도 치매 걸린 사람 입장에서 보면, 100억 엔을 내더라도 살 수 있으면 사고 싶은 거야. 그런데 바로 그런 걸 당신은 이미 가지고 있어.

논점을 그렇게 바꾸지 마세요. 고급 저택은 팔 수 있지만, 건강은 팔 수 없잖아요?

팔 수 없는데, 그래서 뭐가 어쨌다는 건데?

소유권을 바꿀 수 없다고 가치가 사라지지는 않잖아? 오히려 소유자를 이리저리 바꿀 수 없는 절대적인 자산을 당신은 계속 갖고 있는 셈이야.

자유롭게 걸어 다닐 수 있는 다리는 도대체 얼마의 가치가 있어?

돈으로 부릴 수 있는 미남 집사보다도 당신을 사랑해 주는 가족은 얼마만 한 가치를 가졌지?

그게 정말로 당신이 원하는 '고급 저택'보다 가치가 떨어져?

으음….

게임하는 감각이라도 좋으니까, 하나하나 자기 주변의 존재들에 대해 그 가치를 매겨봐.

심각해하지 말고 웃으면서 하는 거야. 조국에서 살아가는 가치는 1억 엔, 어때?

낙찰, 1억 엔. 분쟁 지역의 부자라면 살 것 같기도 하네요.

이렇게 즐겁고 유쾌하게 내 주변의 '감사함'에 가격을 매겨볼 것.

그러면 금세 자신이 얼마나 '부자'로 살아가는지 깨닫게 될 거야.

이번 주 한마디

비곗살도 아름답고
건강한 몸이잖아?

35

소중한 것을 버린다

이번 주
가난뱅이 상담

물가가 너무 비싸요

_도쿄에 사는 30대 C 씨

3월 말에 남편이 도쿄로 전근을 가요.

가족 모두 가야 하는데, 도쿄 물가가 너무 비싸다고 하니 걱정이에요.

자연계에서 벚꽃이 피면 인간계에서는 이사 시즌이 시작되지.

좋네. 마침 좋은 기회니까 과감하게 모든 걸 버리는 게 어때?

휘익~ 져버리는 벚꽃잎처럼….

오늘은 또 무슨 시인 기분을 내고 싶으세요?

물론 이사라면 과감한 버리기를 해야겠죠.

버리기라는 거 요즘 무지 유행하던데….

아니, 딱히 나는 "버리는 게 어때?"라는 말을 하는 건 아냐.

그런데 당신은 어떤 식으로 버리려고 하는 거야?

지금 저한테 아무 매력도 주지 않는 물건을 가차 없이 버리는 거죠.

소유물을 줄여서 가볍게 살아가는 방법, 미니멀리즘.

그러면 확보한 빈 공간으로 행운이 밀려드는 거죠.

그럼 그럼. 요즘 유행하는 버리기의 기본은 '쓸모없는 물건을 버린다'니까.

하지만 그걸로는 안 돼. 아무런 의미가 없어.

생각해봐.

쓸모없는 물건은 아무리 버린들 원래가 쓸모없었으니까, 당신 생활에 아무런 변화도 주지 않을 거야.

그렇잖아? 기왕 할 거면 소중한 걸 버려야지.

방금, 깜짝 놀랐어요.

"쓸모없는 걸 버린들 의미가 없다. 어차피 필요 없는 물건이니까. 소중한 것을 버려라."

듣고 보니 필요 없는 걸 아무리 버린들 바뀔 건 하나도 없다는 말은 정말 이해가 가요. 다만 소중한 걸 버리려면 정말 용기가 필요할 것 같아요.

누가 그것을 '소중하다'라고 정했는지가 문제야.

어떤 사람은 '에르메스 백'을 소중하다고 여겨.

그렇지만 그건 본인이 그렇게 정했을 뿐, **다른 사람한테도 소중하다고 할 수는 없어.**

실제로 나는 에르메스 백에 관심 없거든.

아무리 애를 써도 헤르메스라고 읽히는 이름을 에르

메스라고 읽으라고 하는 그 고집도 싫고.

아무튼 나에게 그건 '소중'하지 않아.

제게는 소중해요, 에르메스 백은.

아까 당신은 '버리기'가 소중하지 않은 물건을 버리는 거라고 말했지?

그렇지만 소중하지 않은 걸 아무리 버린다 해도 '당신'의 가치관은 변하지 않아.

간단히 표현하자면, 당신에게 변화를 주지 않아.

그런데 '당신'이 소중하다고 생각하는 부분을 잘라내버린다면, '당신'은 안쪽 깊은 곳에서부터 변화할 거야.

고정관념에 상처를 주기 위해서 버려야 한다는 거지.

고정관념에 상처를 주기 위해서 소중한 걸 버린다는 거네요. 뭔지 모르겠지만 속이 확 뚫리는 것 같아요. 나 혼자 소중히 여기는 '지키고 싶은 것'을 파고 들어가는 것.

바로 그거야. 그것을 지키고 싶어 하는 사람은 당신뿐이니까.

물가가 비싼 도쿄로 이사하는 게 두렵다고 했지? 그렇지만 그건 '소중한 것'이 너무 많으니까 하는 생각이야.

'역 가까운 집에 살지 않으면 안 돼' '아이를 학원에 보내기 쉬워야 해' '매일 세 끼는 꼭 챙겨 먹어야 해', 그 모든 건 '당신'이 멋대로 소중하다고 여기는 거지. 그런 집착이야말로 버려야 할 것들이야.

아, 물건을 버리는 게 아니라 집착이라는 고정관념을 버린다는 건가요? 그렇네요. 역 가까이 살아야 한다는 것도 그냥 하나의 집착에 지나지 않는단 말이죠. 그렇게 제가 소중히 여기는 걸 버린다면 '역에서 멀어져도 괜찮다'고 생각할 수 있겠어요.

그렇지. 버리기 시작을 성공한 셈이야.

당신은 **가치관을 버림으로써** 역에서 멀리 떨어진 곳에 살 수 있는 자유를 얻었으니까. 필요도 없는 지엽적인 것을 버리기보다도 근본적인 '소중한 것'을 버려봐.

여기서 이번 주 부자 코칭!

필요 없는 걸 버리기보다 소중히 여기고 집착하는 마음을 버리자.

필요 없는 걸 버리기보다,
소중히 여기고 집착하는
마음을 버리자.

이번 주 한마디

필요 없는 물건을 버린들
아무 의미가 없어!

36

부자가 되려
하지 않는다

**이번 주
가난뱅이 상담**

부자가 되는 비결,
하나만 꼽으라면 뭐죠?

_도쿄에 사는 30대 H 씨

대장, 오늘이 마지막이라면서요? 요 반년 동안 매주 짜릿한 코칭이 정말 즐거웠는데…. 싫어, 가지 말아요, 대장.

울먹거리는 시늉이라도 좀 하지그래. 지금 웃고 있는 것 같은데?

그럼, 이번 주 부자 코칭이 가장 어려울 거야. 어때, 각오는 되어 있어?

네??? 여태까지도 충분히 어렵지 않았나요?

'배우자에게 비자금을 밝히라는 코칭' '아이에게 만엔을 주라는 코칭' '부모님에게 부자의 좋은 점을 얘기하라는 코칭'… 이런 것들보다 더 어렵다니, 더 이상 무리예요!!

시작도 안 해놓고 포기부터 하지 마!!!!
저 석양은 오늘도 붉어!!

???

비유가 너무 시적이라 뭔지 모르겠지만, 해볼게요!

그럼 이번 주 부자 코칭!

부자가 되려고 하지 마!

이상!! 해산!!!

네에?? 우리는 부자가 되려고 여기 모였다니까요!! 다들 바쁜 시간에!

바쁘긴 뭐가 바빠? 여기 모인 것도 심심풀이기는 하지만, 잘 들어. 자알 들어보라고!!!

세계에서 가장 '부자가 되고 싶은 사람'은 누구일 것 같아?

세계에서 가장 가난한 사람??

호오, 잘 알고 있네.

그럼 세계에서 가장 '부자가 되려고 하지 않는 사람'은 누굴까??

흐음, 세계 최고의 부자…잖아요.

맞아. 부자는 '부자가 되려고' 하지 않아.

당연하지. 부자니까. 그렇다면 '부자가 되자!'라고 하지 않는 사람을 부자라고 하는 거란 말이잖아, 왓슨 군.

마, 맞는 말이네요. 그렇지만 현실적으로 전 부자가 아니에요!!

부자가 되려고 하지 않는다는 건, 말도 안 돼요!!

당신이 스스로 그렇게 정한 거야. '나는 부자가 아니

다'라고.

그렇지만 그 기준은 뭐지?

연수입 500만 엔 이상이 부자야?

고급 저택에 살면 부자인 건가?

승용차를 두 대 굴리면 부자야?

'여기보다 더 많으면 부자입니다'라는 기준은 나라가 법률로 정한 건가?

아니요, 그런 기준은 어디에도 없어요. 그렇지만 내 안에는 명확히 선이 그어져 있거든요. 전 아직 부자가 아니에요.

그러니까 그건 '당신 안에' 있는 거잖아?

당신 스스로 모든 것을 정하고 있어.

그럼 당신이 지금 생각하는 그 기준을 충족하면, 당신은 스스로 부자라고 인정할 거야?

전 연수입이 700만 엔 이상이면 부자라고 생각할 거예요!

아니, 그런 건 없어. 당신은 초등학생 시절 500엔만 있어도 부자라고 여겼을 거야. 고등학교 때는 5,000엔이었을 거고, 대학생 때는 5만 엔이었을 테지. 그 기준은 자꾸만 위로 올라갈 뿐이잖아. 그러니까 아까의 이야기가 중요해. 다시 한번 묻지. 세계에서 '가장 부자가 되려고 하지 않는 사람'은 누굴까?

부자.

당신이 되고 싶은 건?

부자.

그럼, 어떡하면 돼?

부자가 되려고 하지 않으면 되죠.

합격. 아주 좋았어. 부자 대원 H 씨.

여기서 당신의 부자 수업은 끝났어.

부자가 되려고 하지 않는 당신은 오늘부터 부자야.

대, 대장….

부자가 되려고
하지 않는다.

인간의 욕망은 끝이 없습니다.

초등학생 시절, 500엔만 있어도 부자였죠.

아르바이트를 시작할 나이가 되자 10만 엔은 있어야 부자였습니다.

사회인이 되어서는 100만 엔이 있어야 부자였고요.

이 기준에는 끝이 없습니다.

그럼 부자란 무엇일까요?

'더는 바라지 않는 사람'을 부자라고 합니다.

'아직도 더 바라는 사람'을 가난뱅이라고 부릅니다.

이 세상에서 가장 부자가 되려고 하지 않는 사람이야말로 부자입니다.

그럼 이 세상에서 가장 부자가 되기 위해서 "이제 충분해"라고 말할 수 있는 사람이 되어보세요.

만족을 알아야 합니다.

우리 주변을 잘 살펴보면 '부자'가 아니면서 여유롭게 살아가는 사람이 넘쳐납니다.

그런 멋들어진 세계에서, 우리는 왜 부자 같은 걸 바라는 걸까요?

눈을 똑바로 떠봅시다.

오늘도 풍성하기만 할 터.

여러분이 스스로를 부자라고 깨닫는 그날이, 바로 오늘이기를.

이번 주 한마디

부자가 되려고 하지 않는 당신은
오늘부터 부자야!

부자신문 4월

일본 부자 순위, 1위의 자산액은 1조 8,419억 엔

4월 7일 〈포브스〉가 일본 부자 순위를 발표했다. 전년에 비해 7,000억 엔 줄어들었지만, 연속으로 당당하게 1위에 오른 사람은 퍼스트 리테일링의 야나이 다다시 씨. 재산이 자그마치 1조 8,419억 엔!! 7,000억이 줄었어도 '아직도 약 2조 엔'을 가졌으니 숫자를 따져본들 별 의미가 없을 것 같다. "7kg을 뺐지만 아직 60kg이나 남았어, 오호호" 하고 당신이 가끔 이웃 주민에게 날리는 자뻑 유머보다는 덜 웃긴다.

다만 이 순위를 보고 여러분이 느끼길 바라는 것은 '부자를 부자로 만든 건 우리 서민'이라는 사실이다. 유니클로도 소프트뱅크도 산토리도, 모두가 우리가 구입해주는 상품이다. '부자를 부자로 만들어준 사람'.

혹시 당신은 부자보다 더 부자일지도 모른다.

당신이 부자로 만들어준
'부자'들

일본 부자 순위 톱 5

			자산액
1위	**야나이 다다시 (67)** 퍼스트리테일링		**1조 8,419** 억 엔
2위	**손정의 (58)** 소프트뱅크		**1조 6,837** 억 엔
3위	**사지 노부타다 (70)** 산토리 홀딩스		**1조 3,221** 억 엔
4위	**다키자키 다케미쓰(70)** 키엔스		**9,379** 억 엔
5위	**미키타니 히로시 (51)** 라쿠텐		**6,441** 억 엔

• 출처: 〈포브스재팬〉. 2016년 4월 기준.